短线金手
TRADER BOOK SERIES 书系

短线金手 4

急速拉升战法实战剖析

吴国平　曹芝烨/著

企业管理出版社
ENTERPRISE MANAGEMENT PUBLISHING HOUSE

图书在版编目（CIP）数据

短线金手 4：急速拉升战法实战剖析 / 吴国平主编；曹芝烨著 .—北京：企业管理出版社，2019.5

（炒股“短线金手”丛书）

ISBN 978-7-5164-1935-9

Ⅰ.①短… Ⅱ.①吴… ②曹… Ⅲ.①股票交易—基本知识 Ⅳ.① F830.91

中国版本图书馆CIP数据核字（2019）第062055号

书　　名：短线金手 4：急速拉升战法实战剖析

作　　者：吴国平　曹芝烨

责任编辑：李　坚

书　　号：ISBN 978-7-5164-1935-9

出版发行：企业管理出版社

地　　址：北京市海淀区紫竹院南路17号　　　邮编：100048

网　　址：http：//www.emph.cn

电　　话：编辑部（010）68414643　发行部（010）68701816

电子信箱：qiguan1961@163.com

印　　刷：三河市东方印刷有限公司

经　　销：新华书店

规　　格：170毫米×240毫米　16开本　13印张　140千字

版　　次：2019年5月第1版　2019年5月第1次印刷

定　　价：45.00元

/目录/CONTENTS

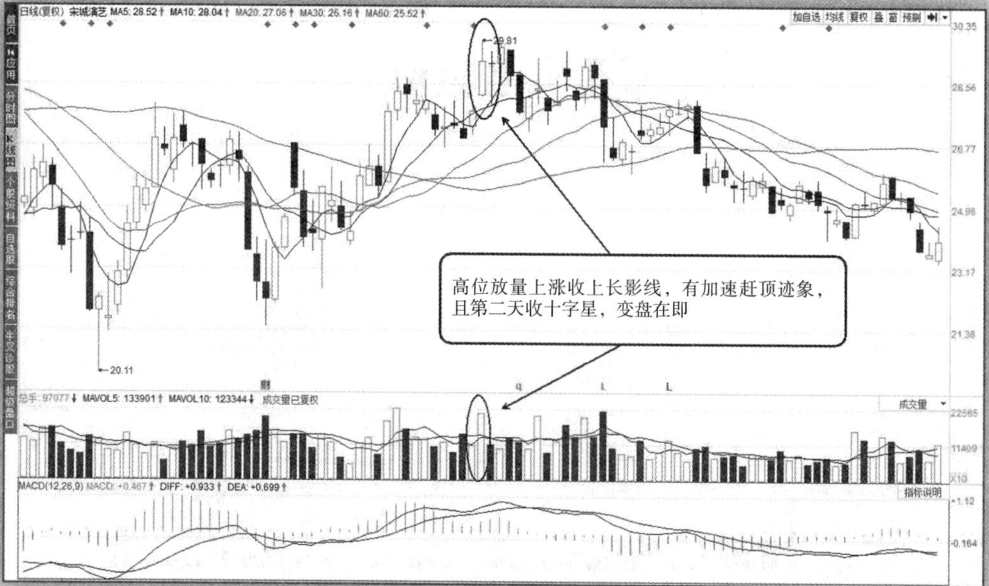

短线金手④

急速拉升战法实战剖析

❶杭电股份

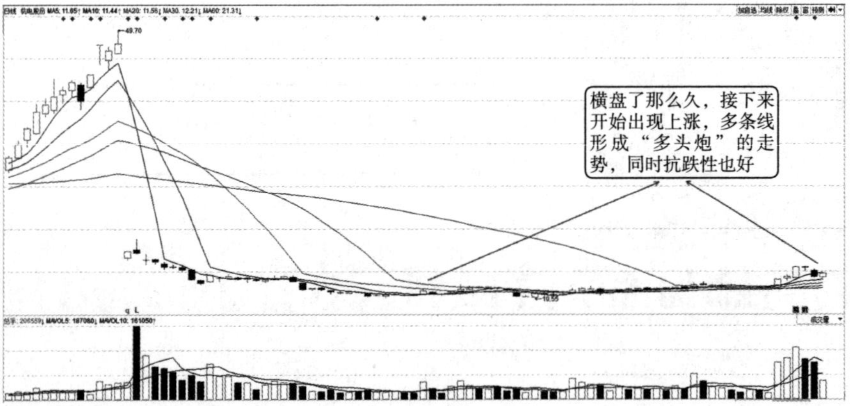
横盘了那么久，接下来开始出现上涨，多条线形成“多头炮”的走势，同时抗跌性也好

日K线图

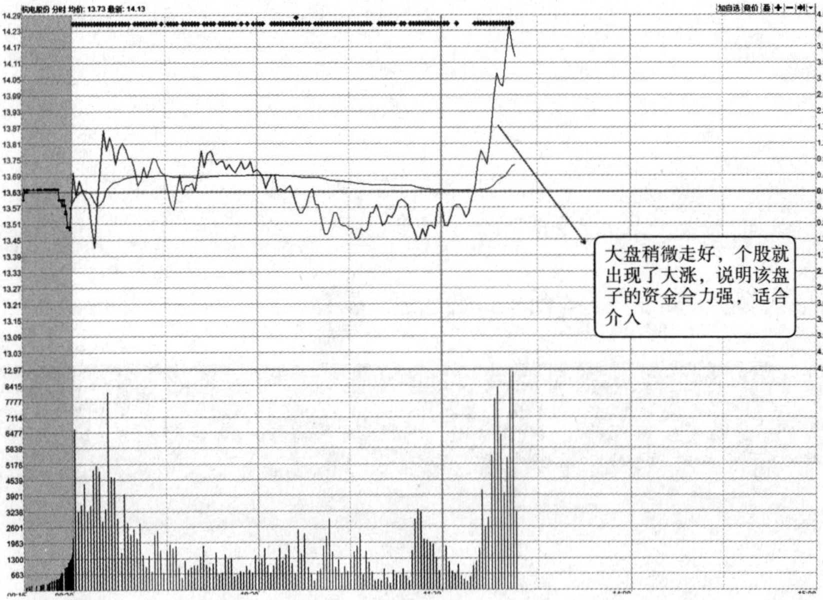
大盘稍微走好，个股就出现了大涨，说明该盘子的资金合力强，适合介入

分时图

操盘解析

上方没有明显的阻力区。超跌反弹时最大的阻力区并非是技术上或者心理上的，而是筹码密集分布形成的阻力区。因为市场长期在熊市中，投资者见涨即抛，只要些微的成交密集区即可形成强阻力，而且在大盘并不疯狂的情况下，主力也没有必要强行突破阻力区。一般股票在触及阻力区时，都会大幅回调。因此在个股行至阻力区时，只要停止上涨，即可抛出，突破即可买入。

操盘点睛

该股大的技术形态磨了较长时间，做了较坚实的底部，再度起涨态势良好。分时拉升时，量能配合很好，主力的拉升是有诚意的，短期继续走强的可能性很高。

心得感悟

②汇鸿集团

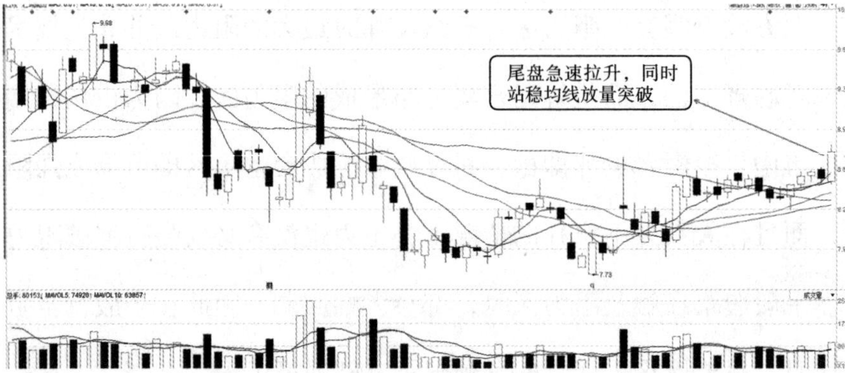
尾盘急速拉升，同时站稳均线放量突破

日K线图

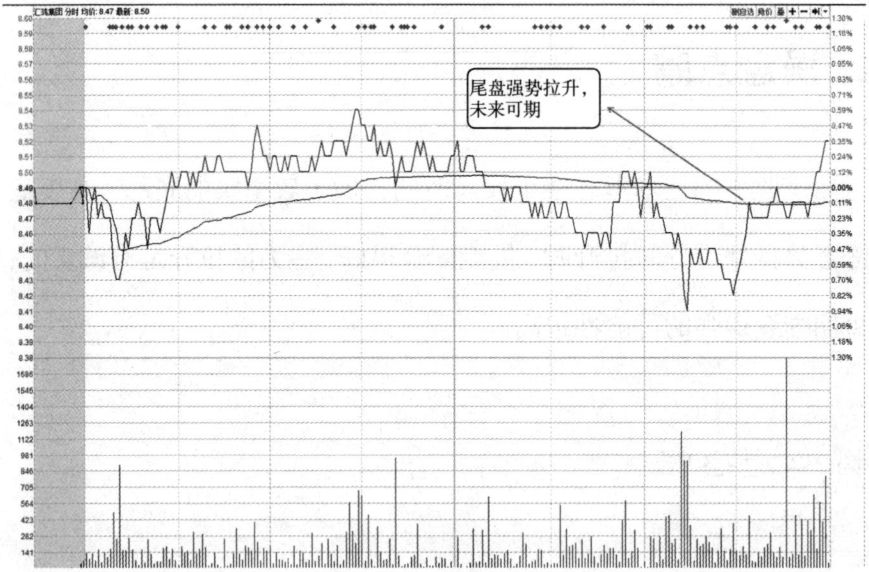
尾盘强势拉升，未来可期

分时图

操盘解析

短期趋势：弱势下跌过程中，可逢高卖出，暂不考虑买进。

中期趋势：下跌有所减缓，仍应保持谨慎。

长期趋势：迄今为止，共6家主力机构，持仓量总计2099.28万股，占流通A股8.68%。目前反弹趋势有所减缓，投资者可适当关注。

操盘点睛

股性不强，保持冷静。长线可适度参与，但应注意低成本建仓。在真正突破前可高抛低吸摊低成本。

心得感悟

❸盛达矿业

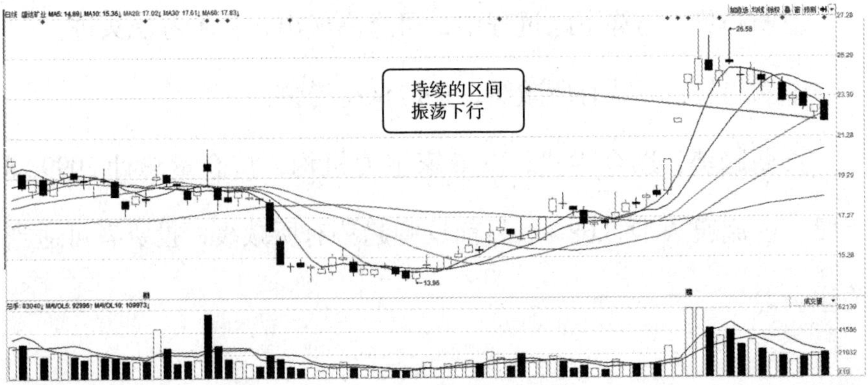

日K线图

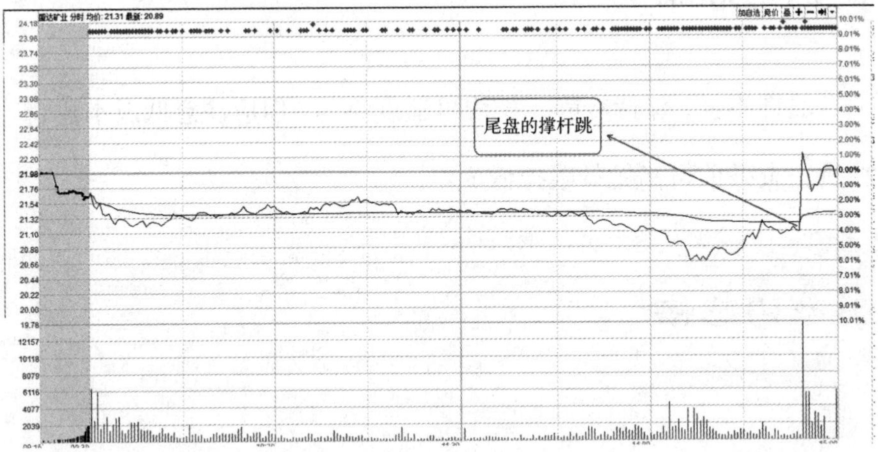

分时图

操盘解析

在股市中，主力为达到赚取差价的目的，经常在股价走势的两极采取与常人思维相逆的举动。比如在低价区采取诱空手法，迫使散户低位斩仓，其主要手段是打压股价，造成技术面的破底、破平台等恶劣走势，然而股价在跌破平台支撑后并未继续下跌，反而出人意料地立即重返平台。反之，在股价处于高价区时主力则常采用诱多的手法，吸引散户的买盘。

操盘点睛

这种尾盘用一两笔巨单瞬间大幅拉高股价的行为，一般都不是为了真正的拉升，短期持续走强的可能性很低。

心得感悟

④宏图高科

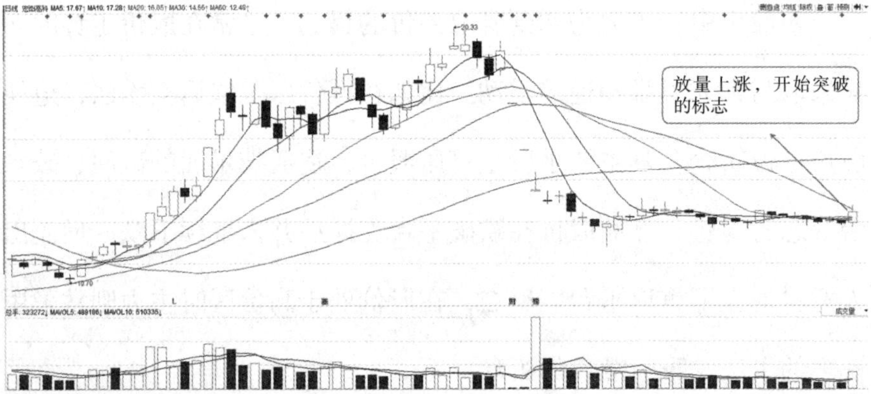
放量上涨，开始突破的标志

日K线图

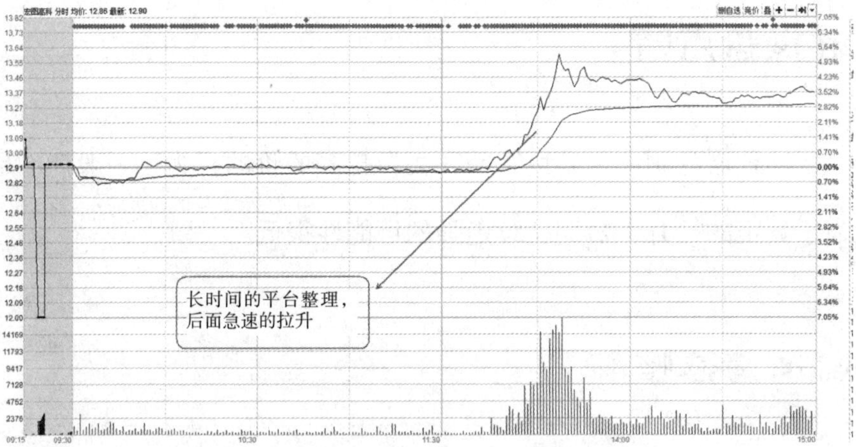
长时间的平台整理，后面急速的拉升

分时图

操盘解析

首先，从趋势性来看，判断这只股票是不是在相对底部，如果是在相对底部，介入风险相应较小；其次，各项技术指标是不是能够支持股价处于强势；其三，成交量能不能有效放大；其四，大盘的风险是不是很大；其五，该股的基本面没有问题。

操盘点睛

从日线上来看，似乎有平台突破的态势，但是我们看分时图，发现股价是一口气快速拉升的，拉升幅度过大会积累大量的短线获利盘，突破的效果会大打折扣。面对这种走势，还是要多一份谨慎。

心得感悟

5 司太立

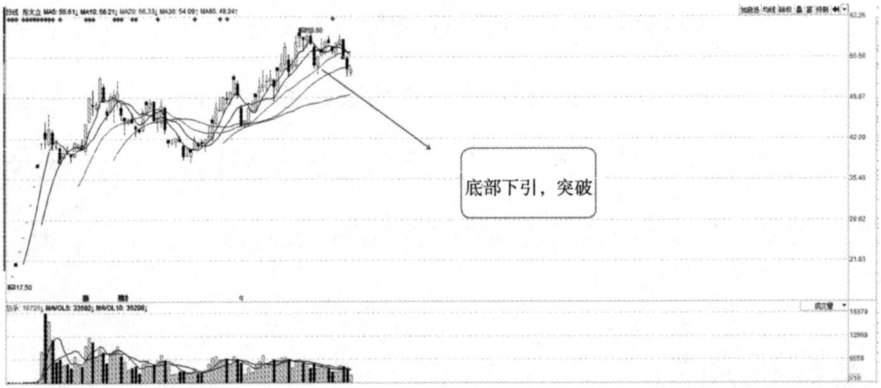
底部下引，突破

日K线图

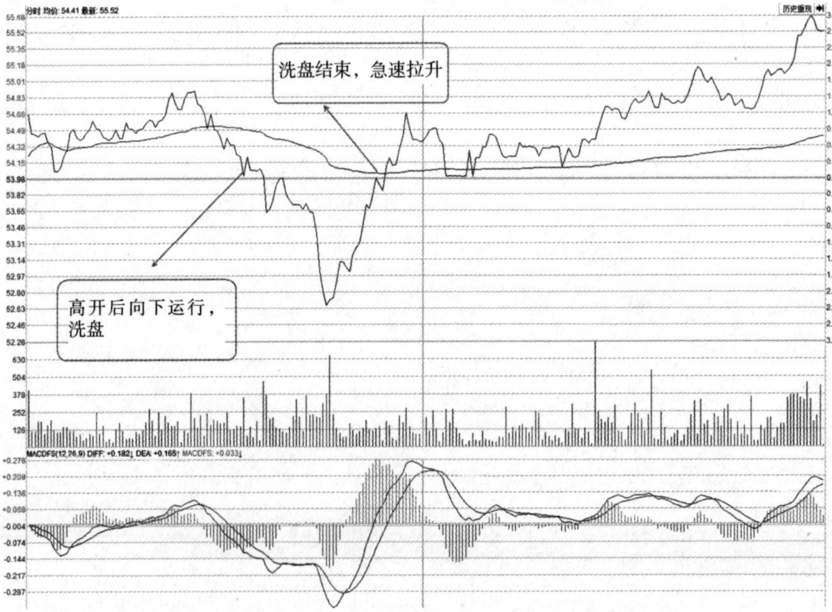
洗盘结束，急速拉升
高开后向下运行，洗盘

分时图

操盘解析

之所以称20日均线为“天机线”，是因为其代表周期的特殊性。在5日、10日和60日均线之间，除了20日均线，常用的还有30日均线，但由于一个月内是20～22个交易日，20日均线的走势代表的就是一根月K线幅度，因此比30日均线更为准确。上涨走势中跌破20日均线，3～5个交易日内不突破，逢反弹20日均线减仓，5个交易日无法再次成功突破20日均线，清仓出局。

操盘点睛

股价波段起涨后，第一次回调到20日均线附近具有明显的支撑，如果股价快速拉升，基本上是重新上涨的标志，短线可跟进。

心得感悟

❻新农开发

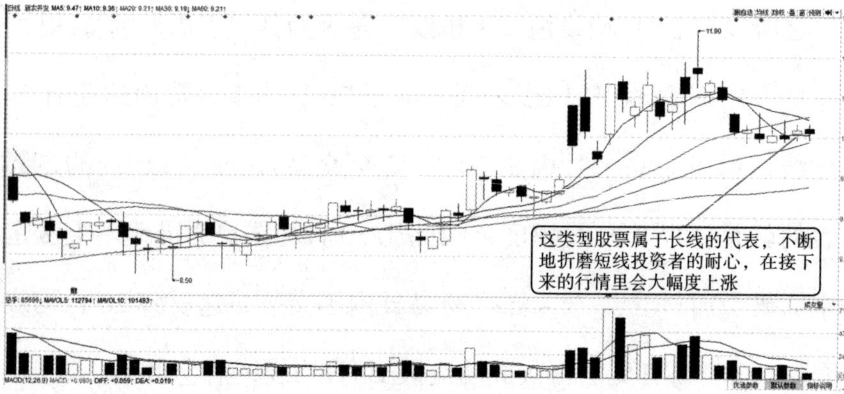
这类型股票属于长线的代表，不断地折磨短线投资者的耐心，在接下来的行情里会大幅度上涨
11.90
8.50

日K线图

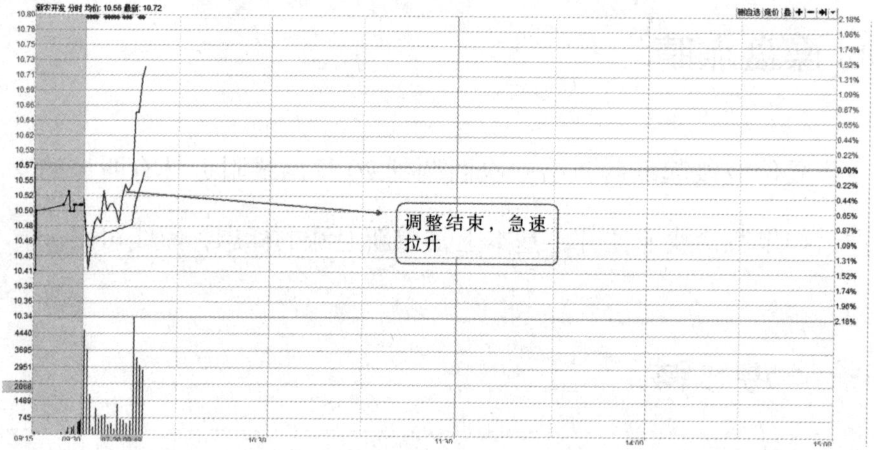
新农开发 分时 均价: 10.56 最新: 10.72
调整结束，急速拉升

分时图

操盘解析

该股仍有振荡，但下跌空间极其有限。此轮调整跌幅不可谓不大，但其逻辑是期棉涨而股价不涨，事实上期棉与该股关系密切，主力一直在利用期棉大做文章，先是用期棉上涨作为掩护出货的幌子，而后又利用期棉大跌，实现强力洗盘低位吸筹，有多少中小散户在惊慌失措中将低位的带血筹码拱手相送。

操盘点睛

买卖这种股票，要思考背后的供应链，结合相关市场一起研判。

心得感悟

⑦华微电子

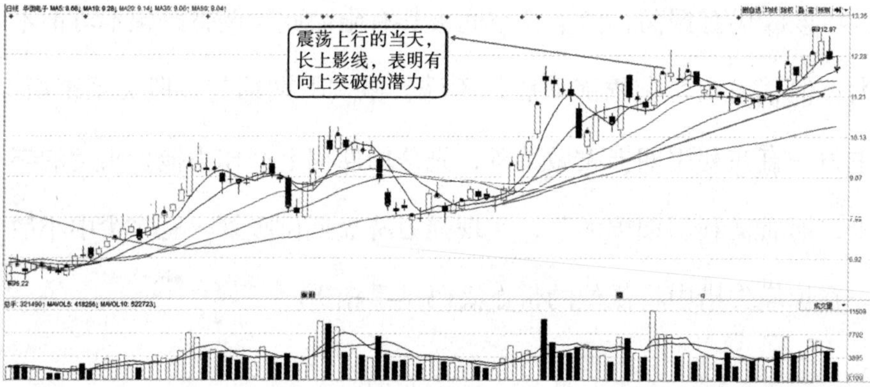
震荡上行的当天，
长上影线，表明有
向上突破的潜力

日K线图

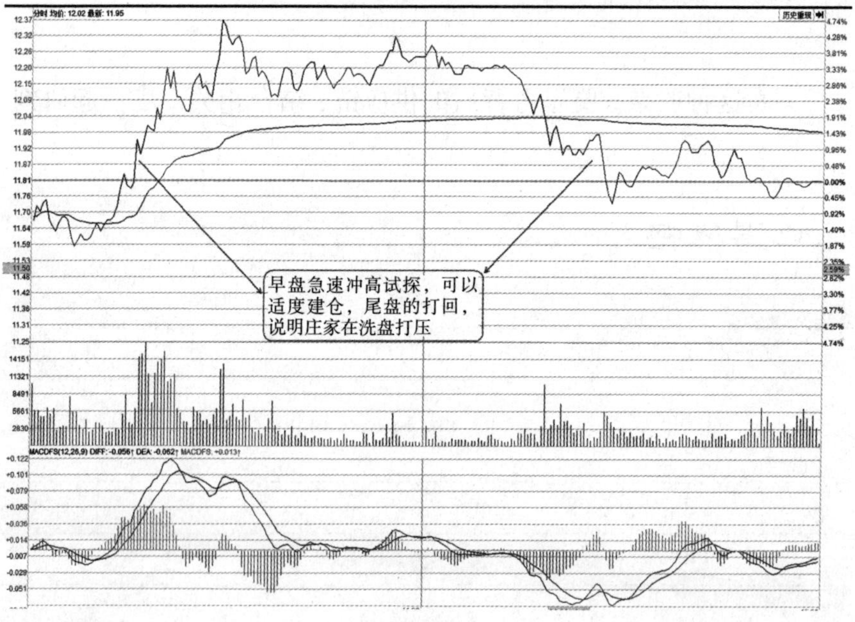
早盘急速冲高试探，可以
适度建仓，尾盘的打回，
说明庄家在洗盘打压

分时图

操盘解析

长上影线出现在上升趋势的较高位，若成交量放大，则意味着多头追高积极，但高位抛压沉重，股价向上攀越艰难，行情很可能调头回档或反转。如果是阳线带有长上影，则常见于主力的试盘动作，说明此时浮动筹码较多，涨势不强。长上影线常常出现在阶段性顶部。

操盘点睛

出现在这种上涨中途的长上影线，股价后市还有创新高的动力，可以逢低吸纳部分仓位。

心得感悟

⑧南威软件

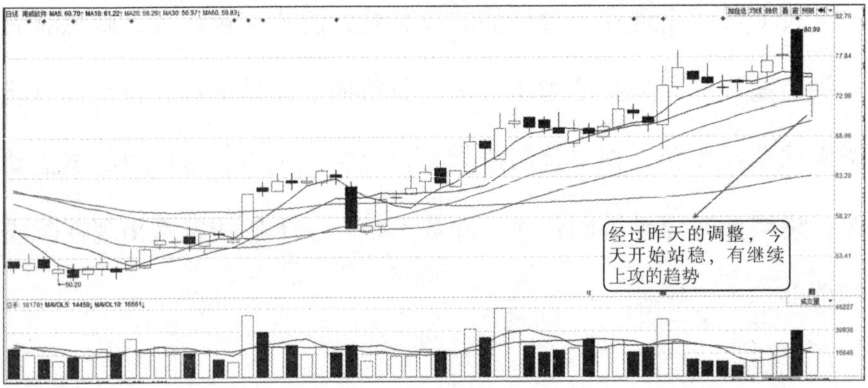
经过昨天的调整，今天开始站稳，有继续上攻的趋势

日K线图

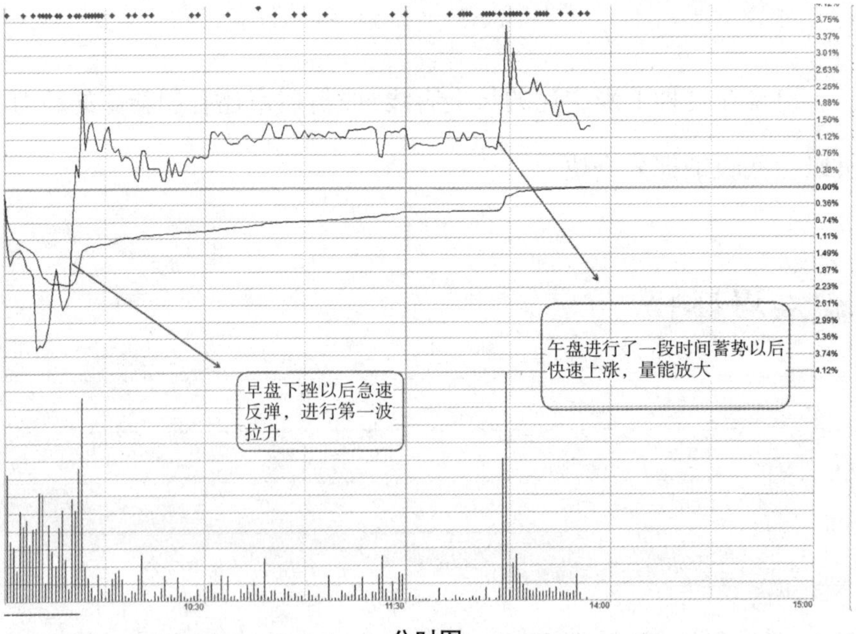
早盘下挫以后急速反弹，进行第一波拉升
午盘进行了一段时间蓄势以后快速上涨，量能放大

分时图

操盘解析

股价在大单的买入下出现了大幅度上涨，可是很快就出现了回档的情况，此时需要的是盘中的量能判断。午盘蓄势拉升后的抛压明显比早盘大，表明上方的套牢盘数量过多，这时候要不要买入就需要谨慎了。

操盘点睛

从分时图来看，股价是放量上冲，但是仔细分析可以发现，股价是靠几笔大单瞬间冲击的，量能整体不够密集，意味着主力拉升的诚意不够，这种情况下即使长线看好，股价短期也很难有强势表现。

心得感悟

❾鄂尔多斯

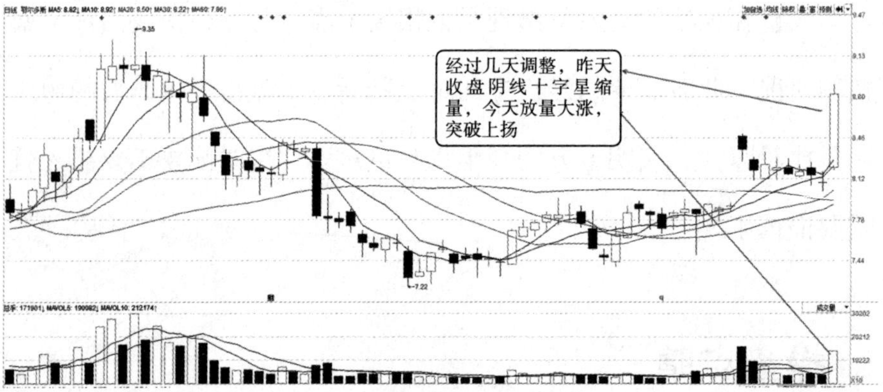
经过几天调整，昨天收盘阴线十字星缩量，今天放量大涨，突破上扬

日K线图

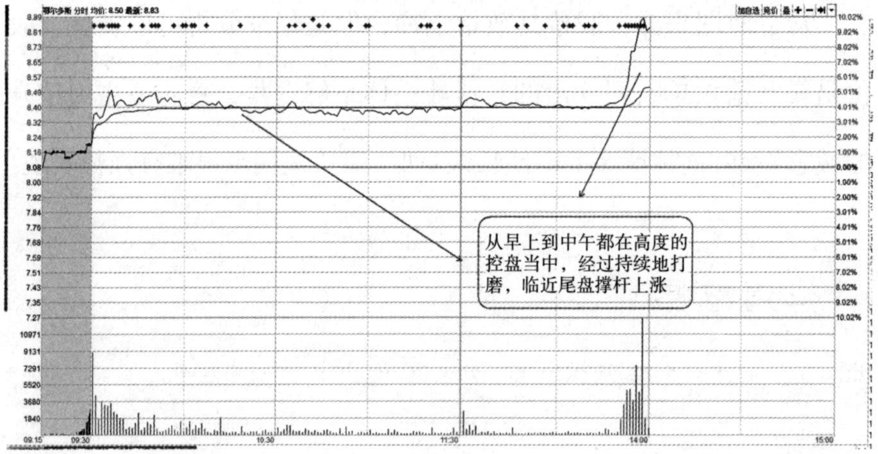
从早上到中午都在高度的控盘当中，经过持续地打磨，临近尾盘撑杆上涨

分时图

操盘解析

一般成交量的阳柱线明显多于阴柱，凸凹量差比较明显，说明底部在积聚上涨动力，有主力在进货，为中线转阳信号，可以适量买进持股待涨。有时会在上升趋势中途出现“量增价平”，则说明股价上行暂时受挫，只要上升趋势未破，一般整理后仍会有行情。此后若成交量增加，股价趋势也转为上升，这是短中线最佳的买入信号。量增价升是最常见的多头主动进攻模式，应积极进场买入。

操盘点睛

分时图上，股价上涨是有密集的量能支撑的，意味着主力投入了真金白银，这种拉升比较有诚意，股价后市转强是大概率事件。

心得感悟

⑩ 老凤祥

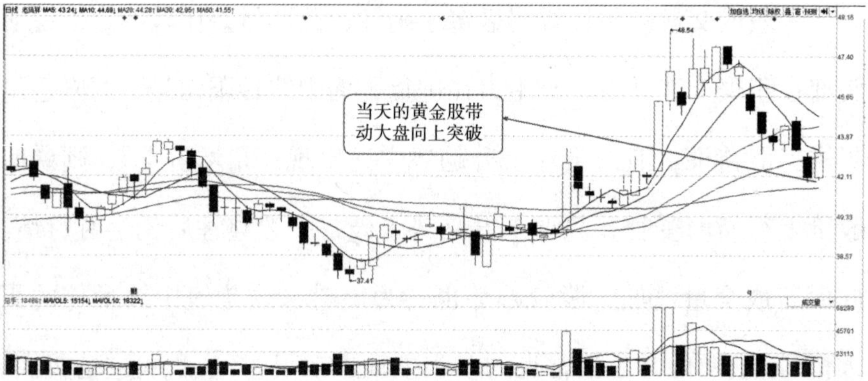
当天的黄金股带
动大盘向上突破

日K线图

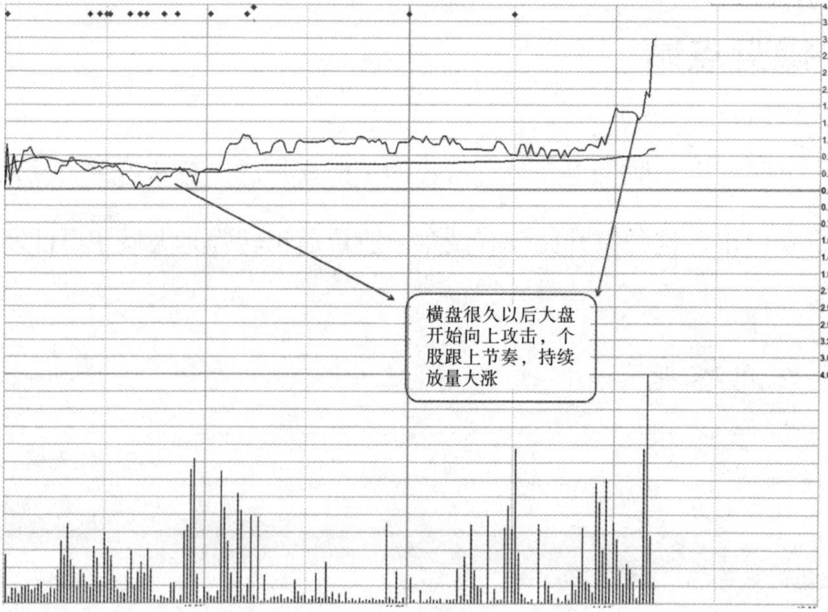
横盘很久以后大盘
开始向上攻击，个
股跟上节奏，持续
放量大涨

分时图

操盘解析

这样的大盘股急速拉升的情况并不多见，更多需要行情的配合以及事件的驱动。可以了解到，在 7·26 那天的全球局势以及股市的动荡，导致投资者避险情绪较重，我们需要的是在这个走势中确定好方向，进行布局。

操盘点睛

股价连续回调后出现这种分时拉升，短期转强的迹象明显。当然，我们看到分时量能略显稀疏，多头的爆发性可能差一点，意味着要想持续大涨还有难度，更可能是缓慢爬升的态势。

心得感悟

⑪ 同济科技

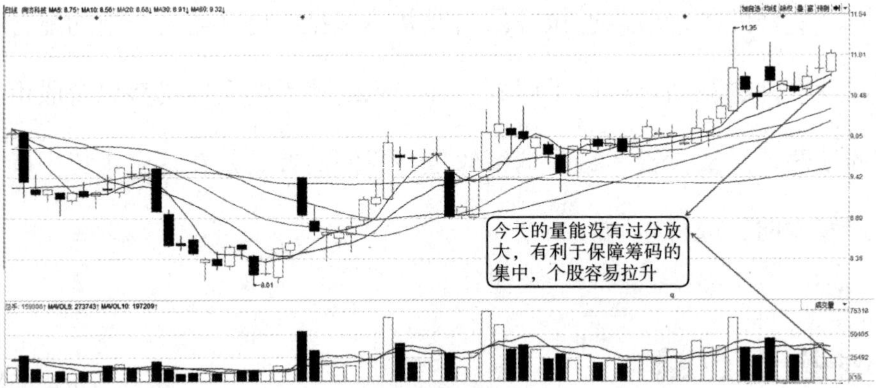
今天的量能没有过分放大，有利于保障筹码的集中，个股容易拉升

日K线图

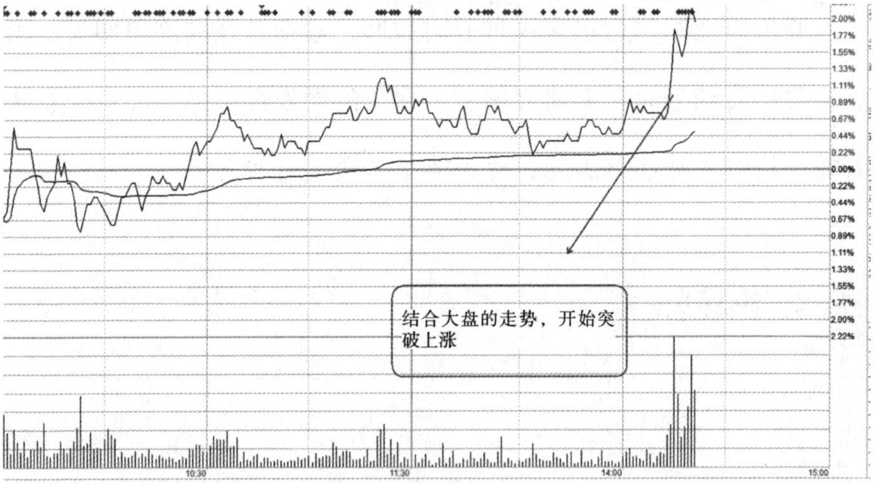
结合大盘的走势，开始突破上涨

分时图

操盘解析

整个盘面上来讲，这样撑杆跳的上涨模式是比较危险的，如果不能在当天出现大涨，第二天出现下跌的可能性就非常大。更多的是庄家在诱多，使更多的散户跟进，为他们的出货进行买单，等主力出货完毕以后，如果出现了大盘急速下跌的情况，庄家基本就不会护盘，然后在深度调整以后再进行吸筹。

操盘点睛

急速拉升出现在尾盘，并且没有大涨突破前期高点，可能是诱多情况，宜小心谨慎。

心得感悟

⑫ 神奇制药

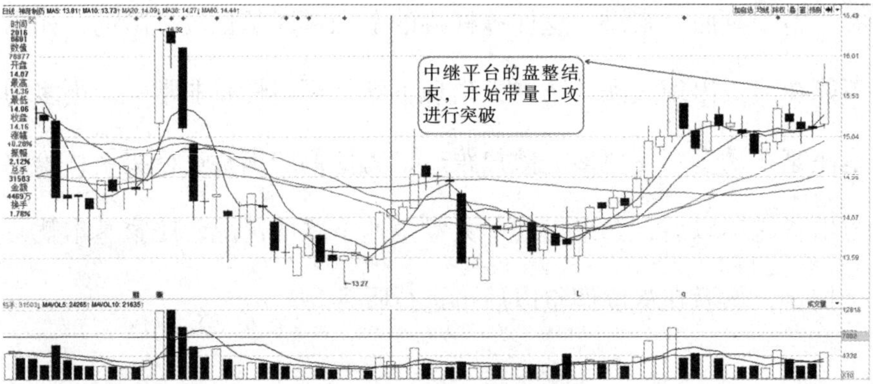
中继平台的盘整结束，开始带量上攻进行突破

日K线图

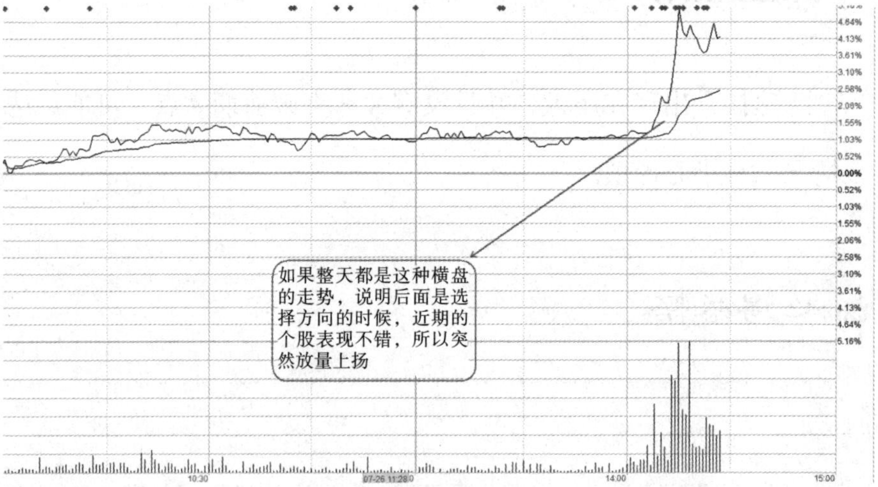
如果整天都是这种横盘的走势，说明后面是选择方向的时候，近期的个股表现不错，所以突然放量上扬

分时图

操盘解析

如果从 K 线的技术形态上来看的话，很容易认为是开始进行突破上涨了，可是接下来下一个交易日遇到了股指的大幅度回调，个股在没有业绩支撑的前提下，K 线即使看起来可以突破了也会被打压。所以，尾盘大涨进行买入的，一定不要过分乐观。

操盘点睛

除非有突然实质性利好出现，否则股票尾盘突拉，要小心有诈。

心得感悟

13 柳氏股份

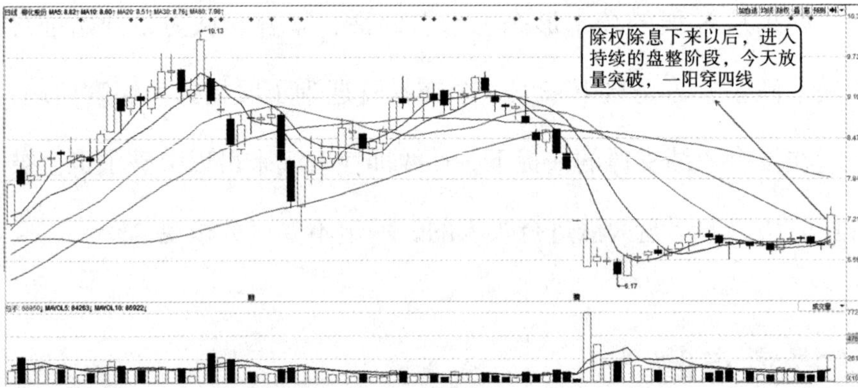
除权除息下来以后，进入持续的盘整阶段，今天放量突破，一阳穿四线

日K线图

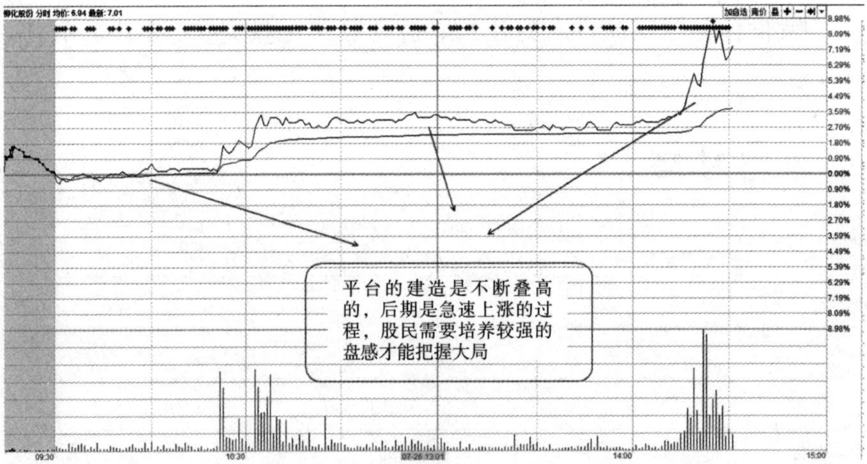
平台的建造是不断叠高的，后期是急速上涨的过程，股民需要培养较强的盘感才能把握大局

分时图

操盘解析

在平台整理以后，出现了超大的一根阳线，从盘中的分时图来看，每一次的上涨都是由巨量带来突破的，可是上涨的幅度却不是特别的大，而且上涨的过程中也带来了大量的抛单，这些都表明这只个股里面的套牢盘子是比较重的，上涨的压力很大，但底部放量中线值得关注。

操盘点睛

量能过大，短线不宜乐观，应结合后市走势综合研判。

心得感悟

⑭ 岷江水电

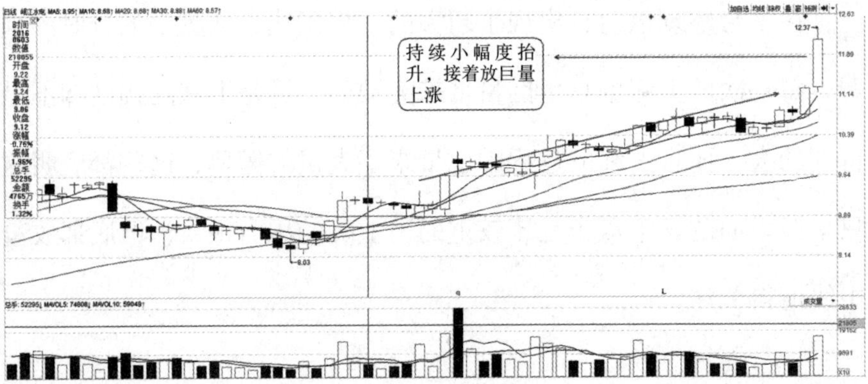
持续小幅度抬升，接着放巨量上涨

日K线图

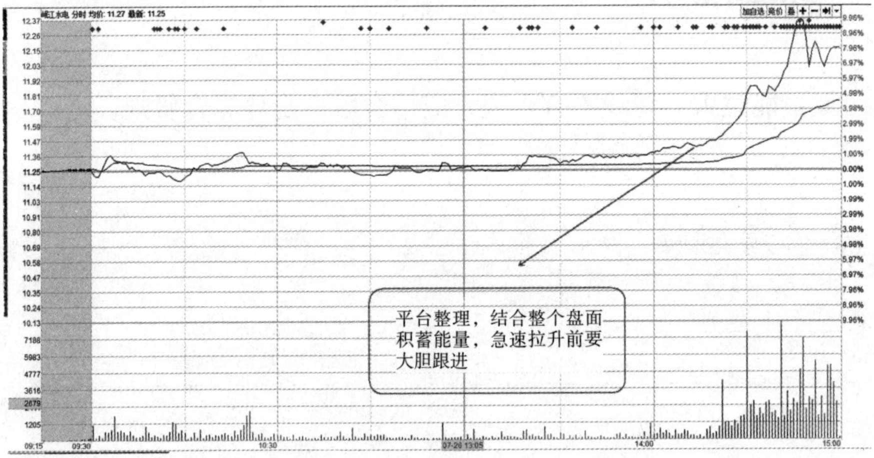
平台整理，结合整个盘面积蓄能量，急速拉升前要大胆跟进

分时图

操盘解析

如果在盘面开始出现异动的时候及时买入的话，对于后面的走势不用太过介意，这是主力对上方压力的一个试探。抛开下一个交易日的特殊情况来看，这只个股的表现还是比较强势的，股性上面来讲是属于长线的。我们买卖股票一定要保持耐心，不要过分追求一时的得失，这样才能够保持稳定的盈利。

操盘点睛

异动之初,应该多看少动,保持冷静,待信号确认再做买卖决定。

心得感悟

15 通宝能源

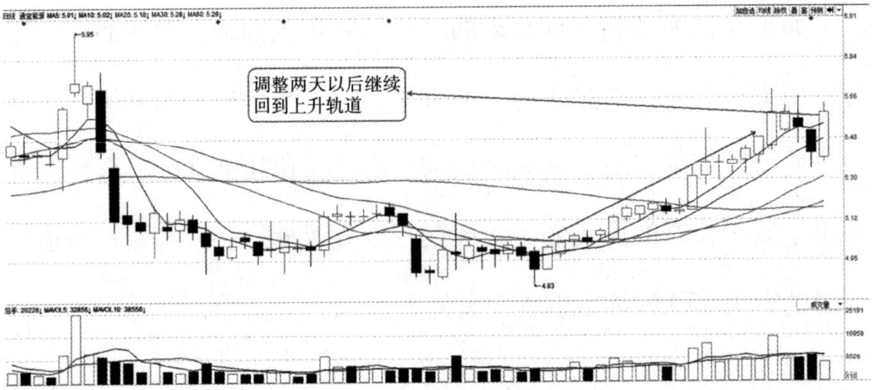

日K线图

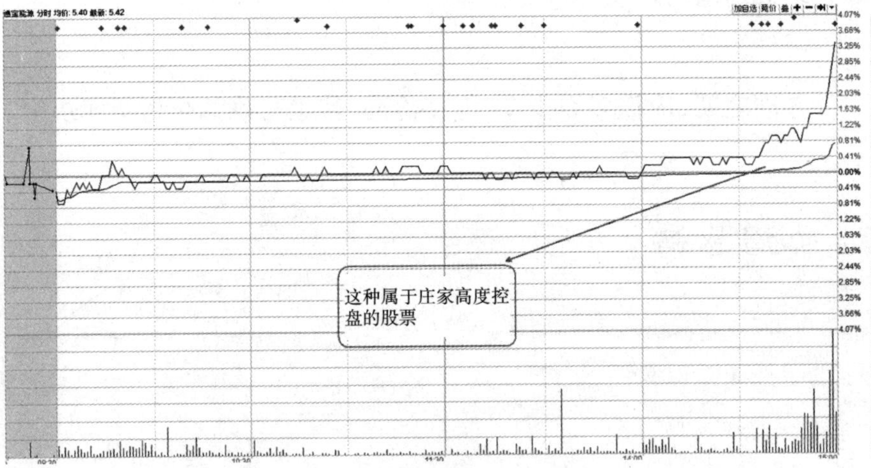

分时图

操盘解析

这种个股的走势需要进行超短线买卖，在临近尾盘几分钟快速拉升，更多的是游资在进行一种快进快出的操作，接下来就是第二天的出货。

操盘点睛

从日 K 线走势来看，股价是有短期上冲动力的。但是从分时走势看，股价是尾盘最后几分钟拉升的，主力有偷袭的嫌疑，诚意不足，短期很难有爆发式上涨。

心得感悟

16 开创国际

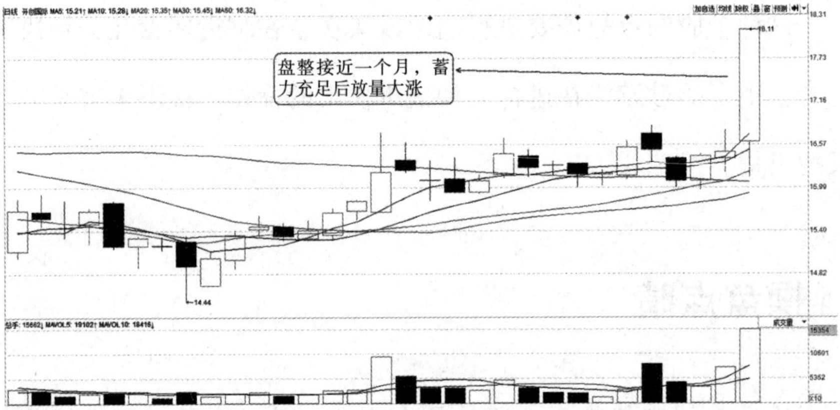
盘整接近一个月，蓄力充足后放量大涨

日K线图

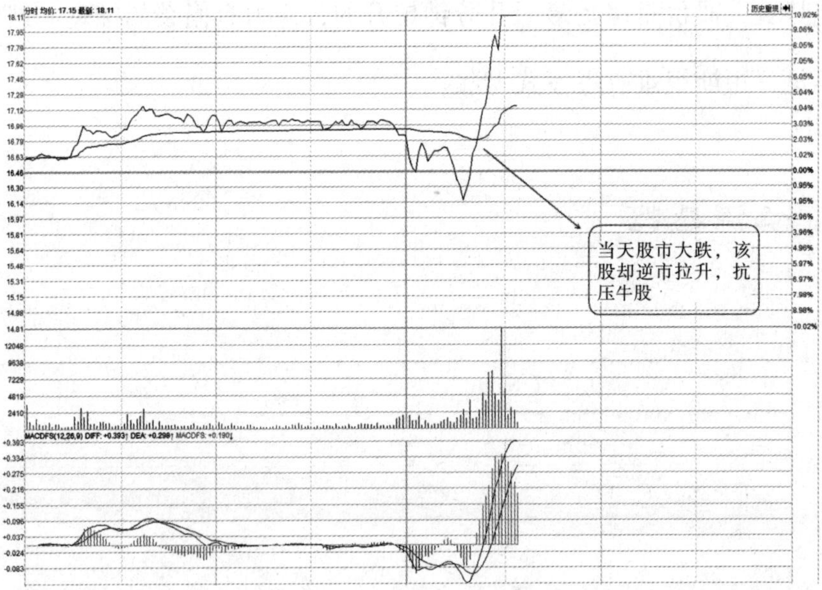
当天股市大跌，该股却逆市拉升，抗压牛股

分时图

操盘解析

上海国企改革概念股，从底部崛起，成交量持续放大，短期内涨幅超过 20% 后，进入了短暂的盘整。目前从该股技术面来看，均线多头排列，布林带沿中上轨线持续攀升，周线上也连续放量，技术趋势极为强势，中期行情有望继续向上爬升。

操盘点睛

在大盘跳水之时，该股主力能够快速拉升股价，并且封死涨停，显然是有备而来。很可能背后有重大利好消息，主力急于抢货，股价短期强势上涨是大概率事件。

心得感悟

⑰ 申达股份

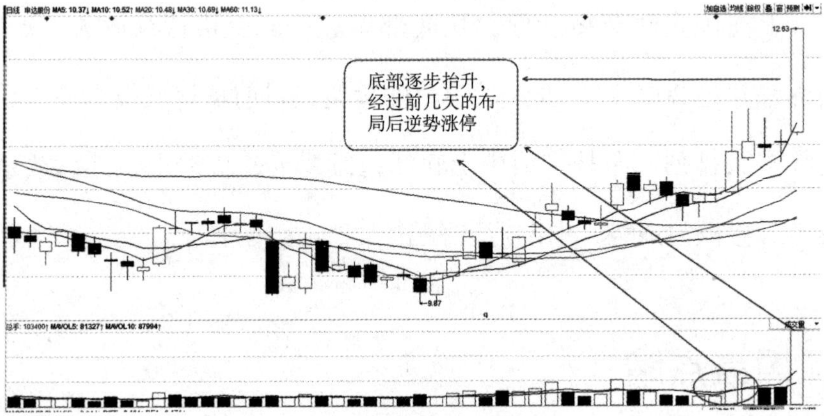
底部逐步抬升，
经过前几天的布
局后逆势涨停

日K线图

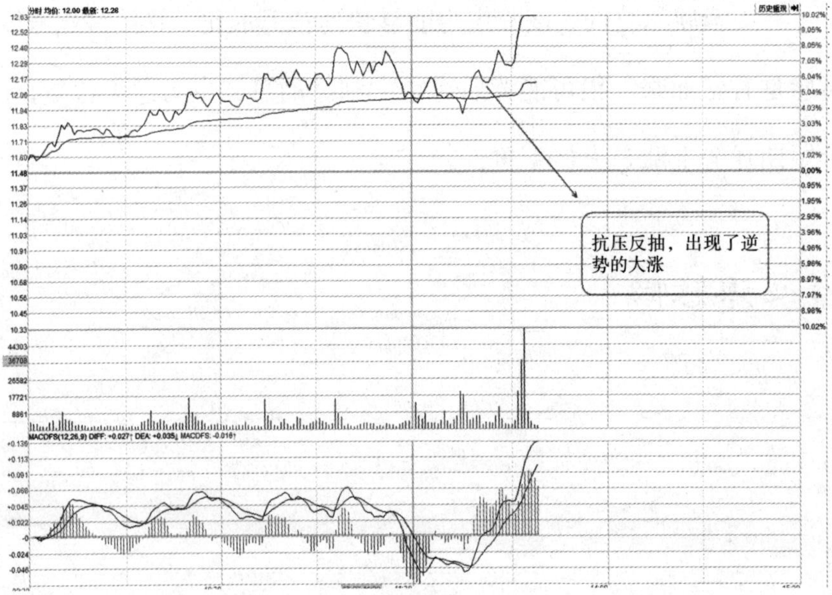
抗压反抽，出现了逆
势的大涨

分时图

操盘解析

日线呈加速通道，遇大盘跳水之时，该股敢于逆市拉升封住涨停，而且分时量能配合良好。更重要的是，当时整个上海板块都是集体走强的，板块效应很强，主力加速的意图很明显，短期跟进会有不错的收益。

操盘点睛

大盘行情的时间跨度判断：短线行情炒消息，中线行情炒题材，长线行情炒业绩。

个股行情的时间跨度判断：短线套利炒量能，中线套利炒送配，长线套利炒成长，大盘大量炒龙头，大盘常量炒庄股，大盘微量炒次新。

心得感悟

18 中葡股份

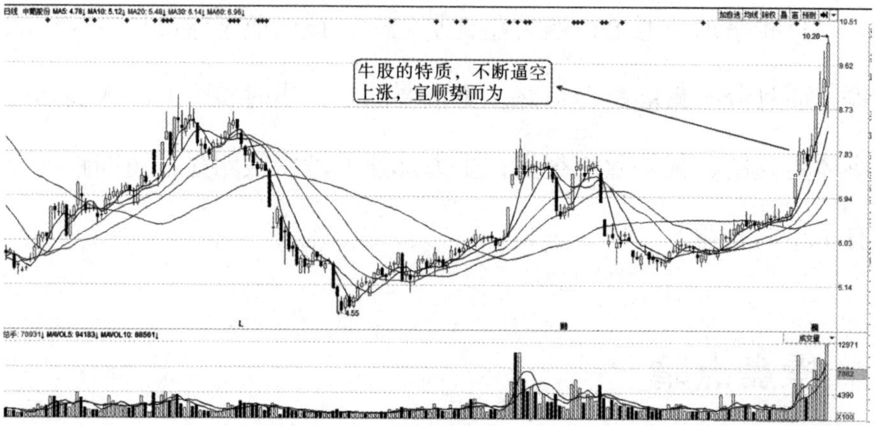
牛股的特质，不断逼空
上涨，宜顺势而为

日K线图

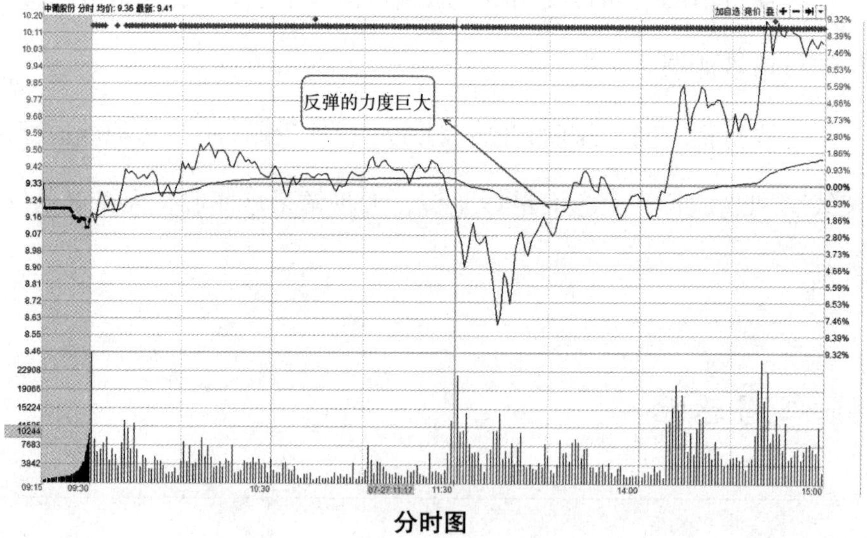
反弹的力度巨大

分时图

操盘解析

增发前大涨可能原因：一是游资认为增发前公司需要拉升股价而提前介入；二是有机构想拉升股价；三是机构提前获得消息知道是有影响力的战略投资者参与增发。

参与原因：一是最近量能较大；二是连续涨停，涨停时均有洗盘；三是肯定有机构参与，且机构实力强，消息灵敏。

操盘点睛

股价盘中跟随大盘急速跳水后能快速拉回来，而且配合充足的量能，意味着主力的实力是比较强的，而且拉升也是比较紧迫的。如果整体形态仍然在上涨途中，短期继续走强的可能性非常高。

心得感悟

19 太极集团

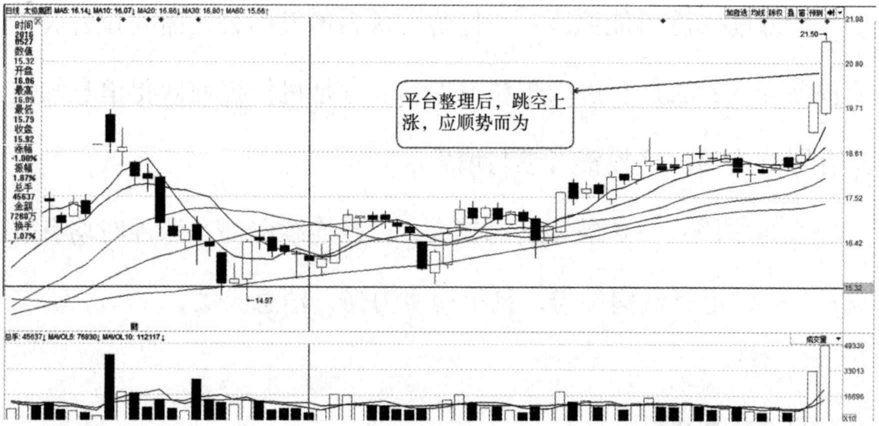
平台整理后，跳空上涨，应顺势而为

日K线图

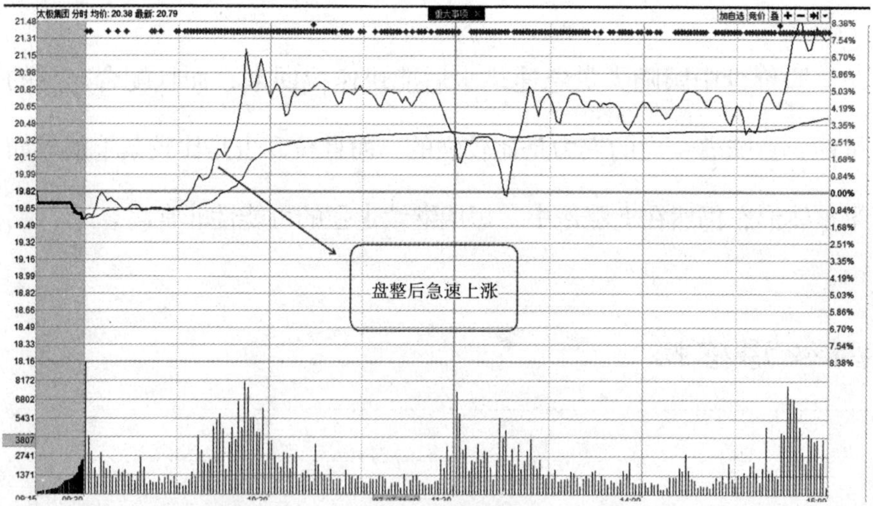
盘整后急速上涨

分时图

操盘解析

每一次的拉升都是带着量能往上攀爬，可是拉升的节奏比较快，在买入这个股票的时候需要果敢，做好长线的准备。在大盘急速下跌的时候还能够保持强势的地位，表明庄家是带着资金在做这只股票，我们一定要保持耐心，接下来一定会有洗盘的行动，让不坚定的散户下车。

操盘点睛

股价的整体技术形态显示是在加速状态，从分时走势来看上涨也有量能配合，而且股价受大盘影响跳水后也能较快拉回来，这些都是好现象。但是股价上午的一波拉升太急了点，而且尾盘还偷袭了一波，意味着短期可能会振荡几天。

心得感悟

20 上柴股份

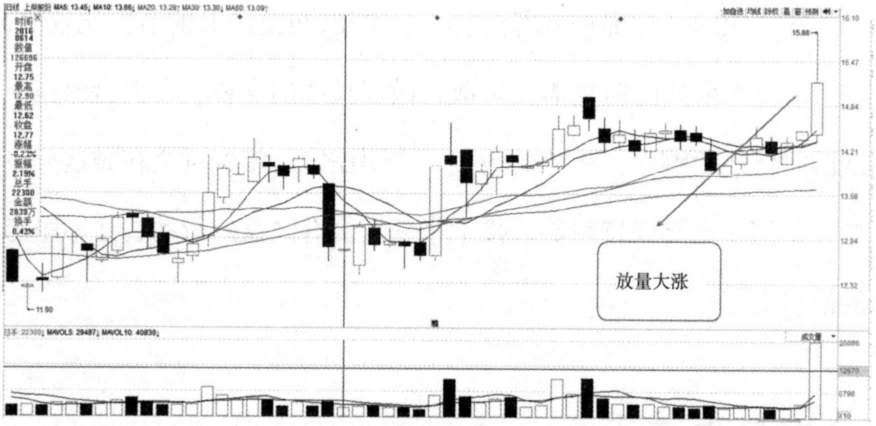
放量大涨

日K线图

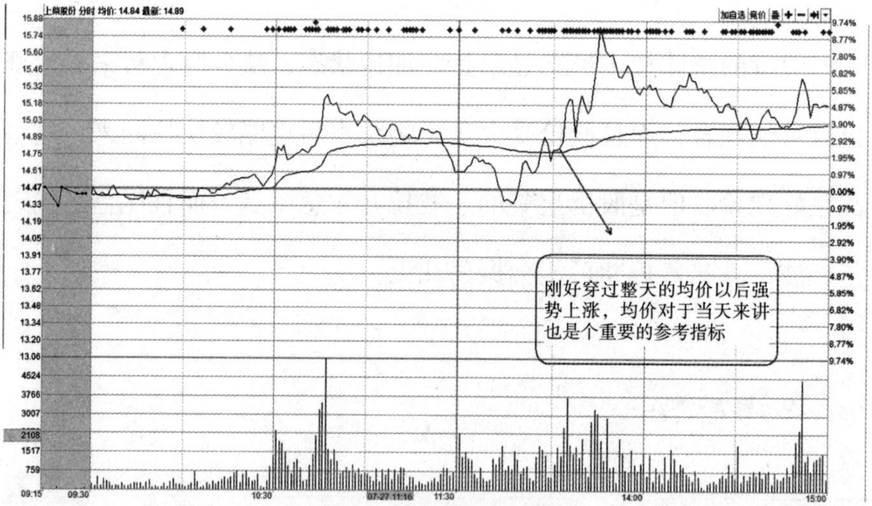
刚好穿过整天的均价以后强势上涨，均价对于当天来讲也是个重要的参考指标

分时图

操盘解析

该股的菱重涡轮增压器为2016年业绩提供主要弹性。监管部门将建立油耗积分体系，明确对负积分企业惩罚措施包括付费购买积分、罚款、限制新产品公告等。涡轮增压作为减重节能减排的重要途径，渗透率将加速提升。结合这样的基本面利好，长线看是没有问题的，可是短线来讲当天量能放得过大，拉高出货的概率大。

操盘点睛

从日线上看股价是放量大涨，但是从分时图上我们可以明显发现问题：股价下午冲高时，分时量能明显小于上午那波拉升的量能，说明下午主力拉升时并没有花多少钱，很可能在暗中减仓出货。

心得感悟

21 时代万恒

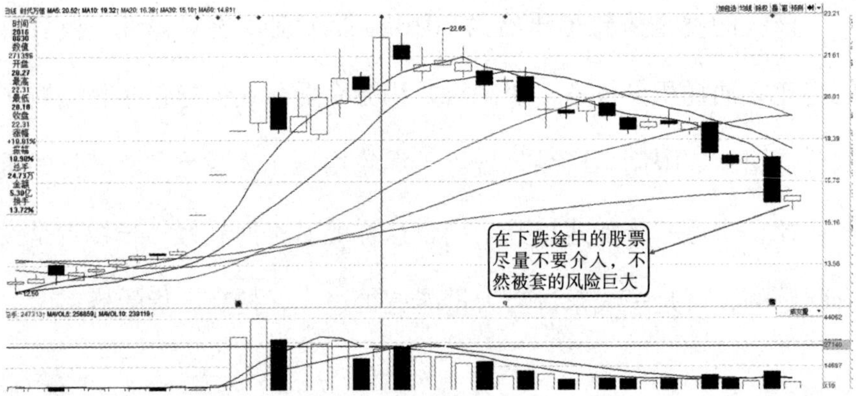
在下跌途中的股票尽量不要介入，不然被套的风险巨大

日K线图

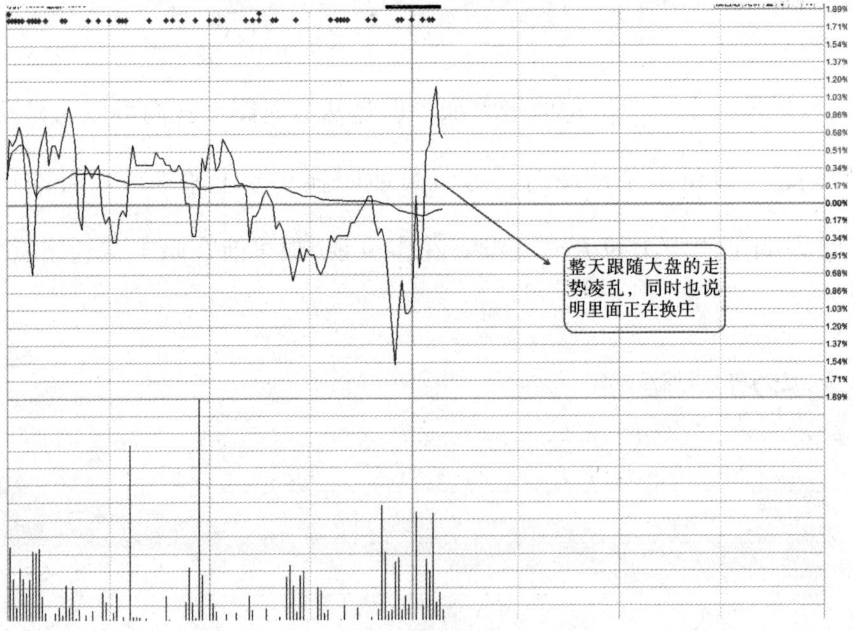
整天跟随大盘的走势凌乱，同时也说明里面正在换庄

分时图

操盘解析

股价经过大涨以后出现了巨大的震荡，这样急促的拉升更多是为了大资金更好地出货，千万不要看见这样的急速拉升就急急忙忙的去买入，不然可能是在高位站岗，更多的是场外关注还是比较好。

操盘点睛

股价大幅上涨之后出现明显的动荡，并且伴随较大的分时量能，说明筹码开始散乱，要多一份谨慎。

心得感悟

22 中电鑫龙

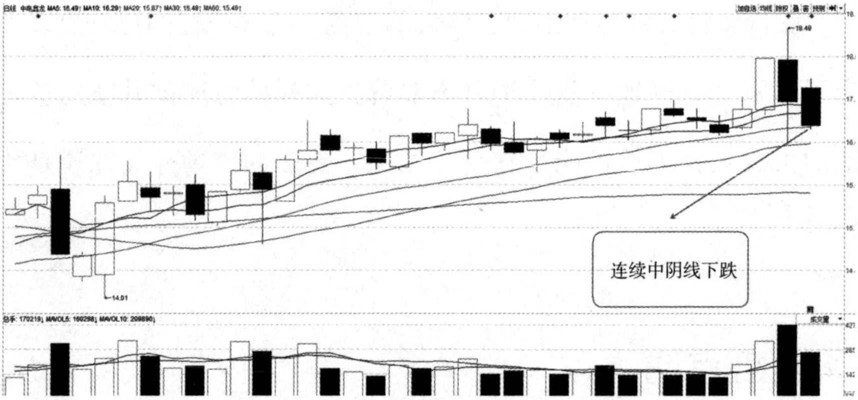
连续中阴线下跌

日K线图

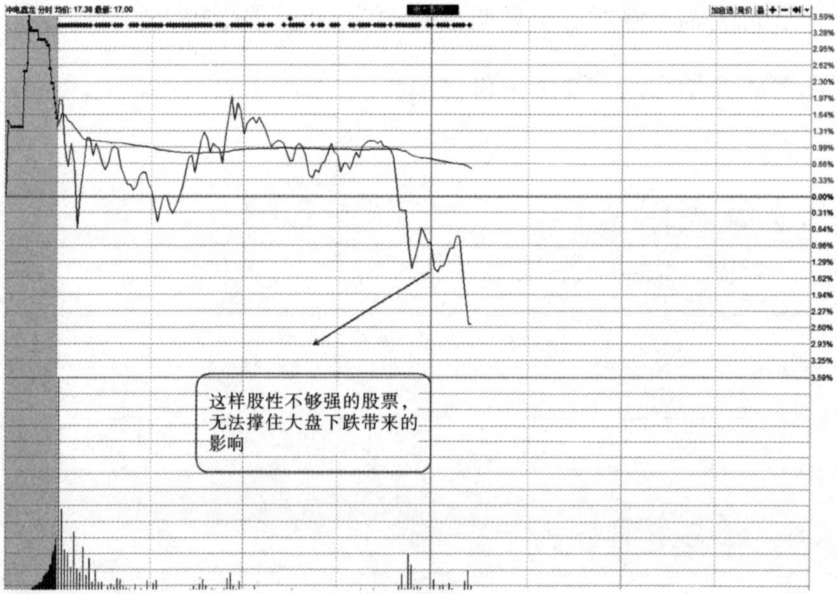
这样股性不够强的股票，
无法撑住大盘下跌带来的
影响

分时图

操盘解析

大幅下跌的股价会吸引市场的接单，但这些挂单大多只是逢低接纳，而市场卖单一时还难以接受跳水后的价位，所以仍然挂在上面。真正的交易状态应该是短时间内成交稀少，然而现在则是成交活跃而且大多是在跳水后的相对低位，所以只能说明主力在继续卖出。随着时间的推移，市场上的卖单将增加，跳水后的价位也会逐渐被卖方接受，所以股价回升到跳水前的价位将会越来越困难。主力很清楚这一点，所以在跳水后趁低位有买单时继续尽可能地卖出。

操盘点睛

股价短期技术形态被破坏后，分时反弹时拉升无力，说明主力还不想拉升，或者主力的实力较弱，短期很难有强势表现。

心得感悟

23 华丽家族

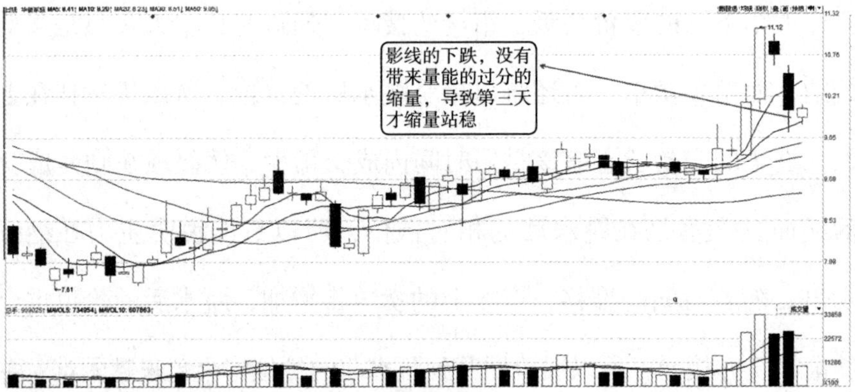
影线的下跌，没有带来量能的过分的缩量，导致第三天才缩量站稳

日K线图

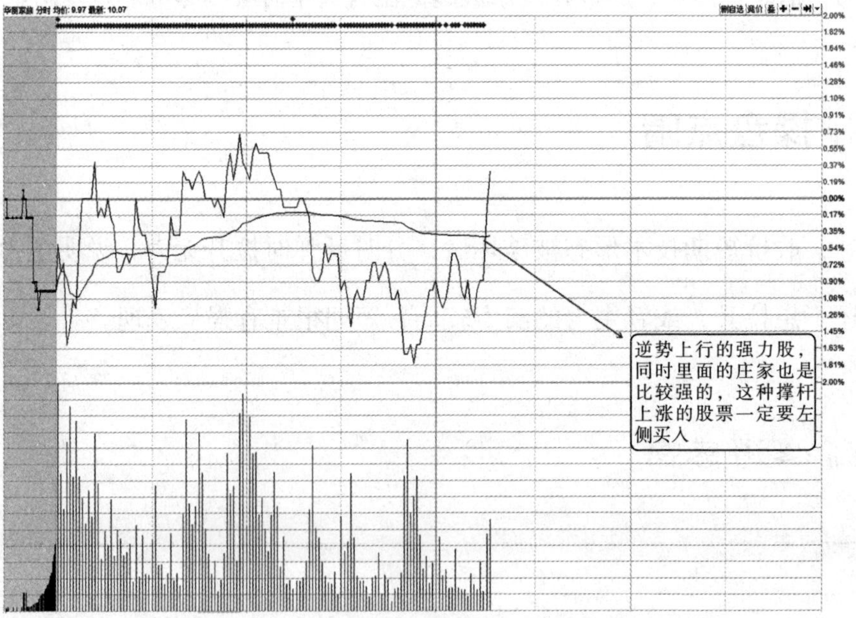
逆势上行的强力股，同时里面的庄家也是比较强的，这种撑杆上涨的股票一定要左侧买入

分时图

操盘解析

在一定时期，一只股票的流通盘是一定的。当人们普遍看好后市时，都争相购买，买方主动愿意出相对的高价购买股票的流通筹码，这就是股价上涨的根本原因，即买方（盘）>卖方（盘），卖方不如买方积极主动，这时股价必然上升。反之，则必然下跌。

操盘点睛

日均线拐头朝上，则为短线上涨；30 日均线拐头朝上，则为中线上涨；30 周均线拐头朝上则为长线上涨，这些都说明了买方的力量在不断增强。

心得感悟

24 福晶科技

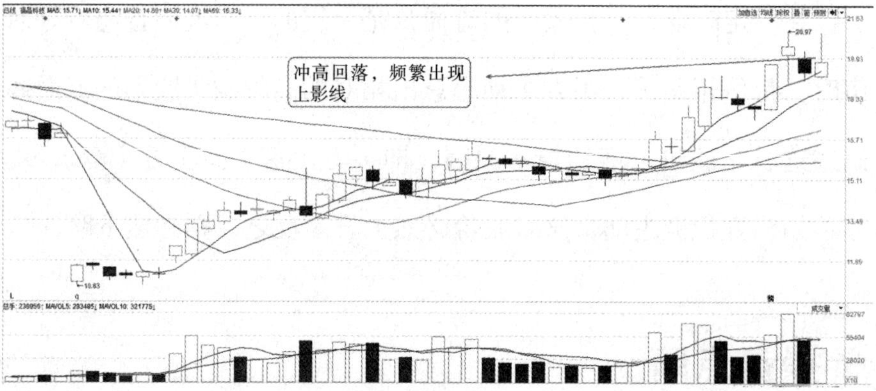
冲高回落，频繁出现上影线

日K线图

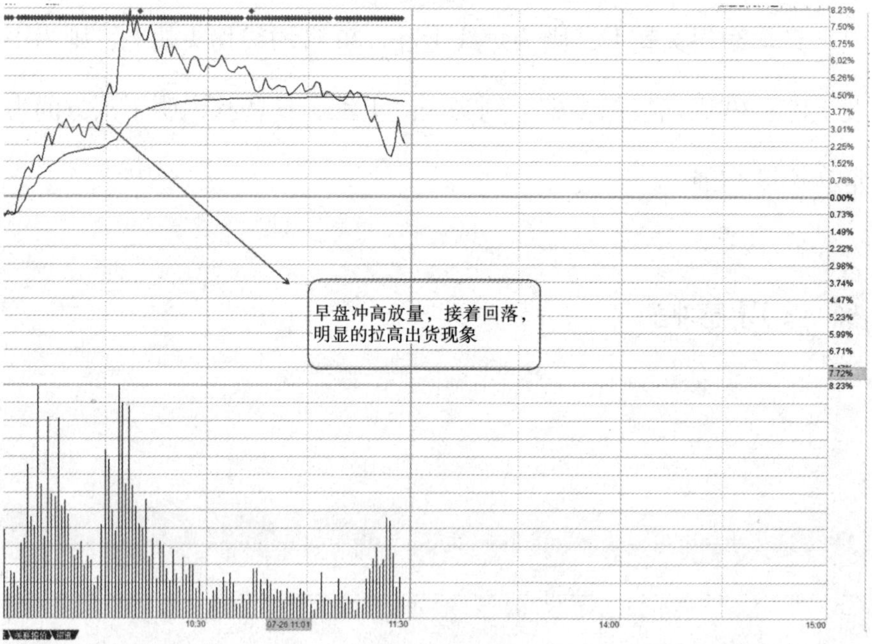
早盘冲高放量，接着回落，明显的拉高出货现象

分时图

操盘解析

拉高出货的盘口特征是：卖盘上方不挂大单，而是梯次排列出稀稀拉拉的小单，但成交时却是大单成交——这就是所谓的“空中成交”，即利用庄家的专用通道进行幕后直接成交（运用成交规则中的价量原则进行时间“抢跑”的技巧），所以我们常常会看到明明上方没有大单挂出，成交却是清一色的大单这一“奇观”。正是这种“奇观”，让许多投资者误认为是主力在吃货。

操盘点睛

是否拉高出货，可以从几点来判断：①是不是高位，该股波段涨幅已经翻倍，明显处于高位；②是不是出现巨幅动荡，该股前两个交易日已经巨幅动荡，而且还伴随较大成交量。

心得感悟

㉕ 厦门钨业

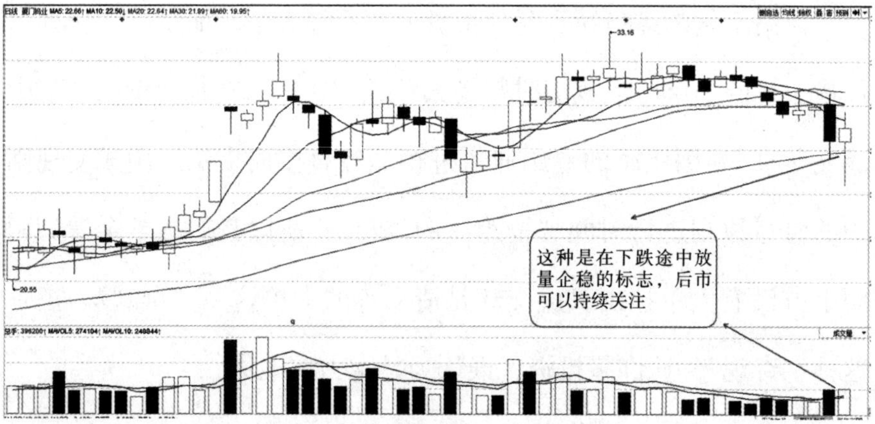
这种是在下跌途中放量企稳的标志，后市可以持续关注

日K线图

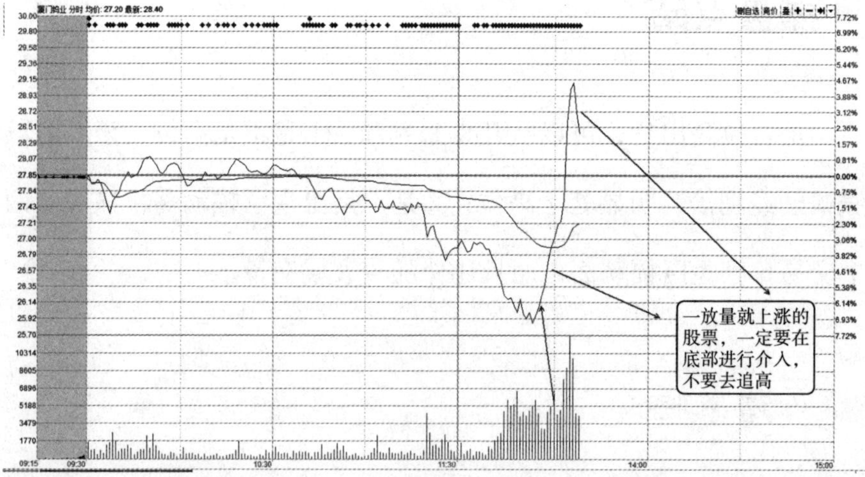
一放量就上涨的股票，一定要在底部进行介入，不要去追高

分时图

操盘解析

在股价上涨的时候如果上方出现较大的卖单，投资者应当如此计划：如果大卖单没有撤掉，并且没有出现较大的买单将它吃掉，股价将会在大卖单的价位处停止上涨或是下跌；如果大卖单撤掉，或是有较大的买盘一笔将它买下，那股价后期还会继续上涨。该股的量能巨大，但拉升太快，不适合追高。

操盘点睛

股价的整体态势还在调整之中，这种时候遇分时拉升不要急于追高，更多的要在关键位置低吸。该股分时图一波拉升幅度太大、角度过陡，这种拉升的持续性一般较差，更不能轻易追高。

心得感悟

26 南京新百

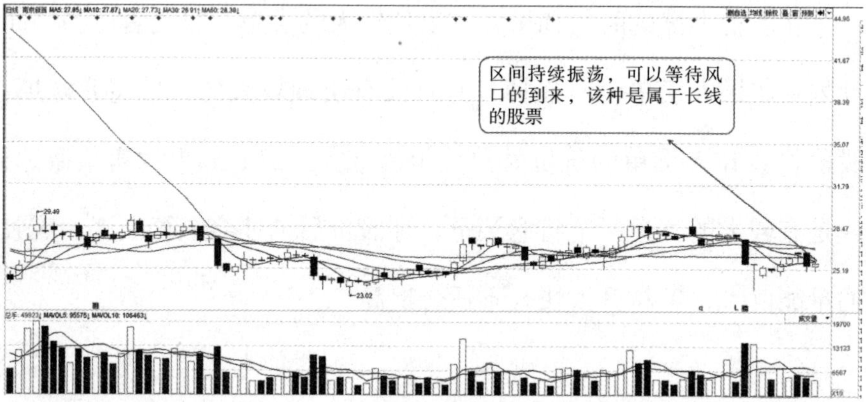
区间持续振荡，可以等待风口的到来，该种是属于长线的股票

日K线图

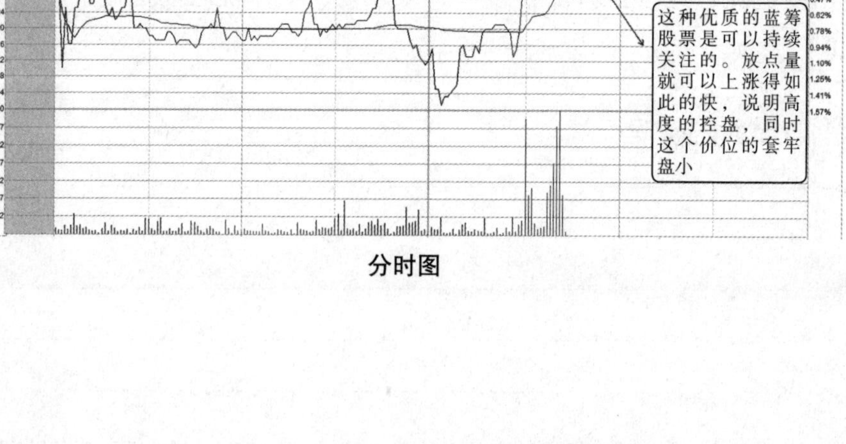
这种优质的蓝筹股票是可以持续关注的。放点量就可以上涨得如此的快，说明高度的控盘，同时这个价位的套牢盘小

分时图

操盘解析

向上突破平台走势特征：①股价线必须在某一价位进行较长时间的横向整理。②股价线应贴近均价线波动，波动幅度较小，所形成的高点大体处在同一水平线上。③均价线在整理期间基本是一条水平线，无明显的波折。在一个交易日中，会出现多个“向上突破平台”的走势，第一个“向上突破平台”出现时，应该第一时间买入；第二个“向上突破平台”出现时，如果涨幅不大，也可买入；第三个“向上突破平台”出现时，应杜绝买入。

操盘点睛

从大的形态来看，该股仍然没有摆脱震荡格局。看股价走势要先大后小，先看整体态势，再分析分时波动。

心得感悟

27 海洋王

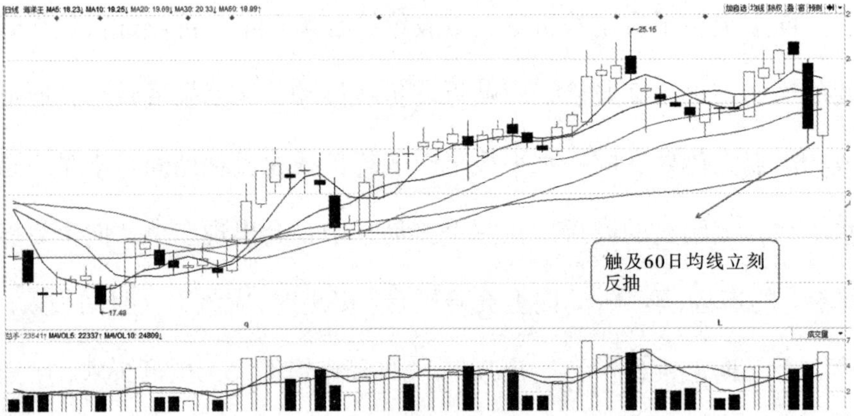
触及60日均线立刻反抽

日K线图

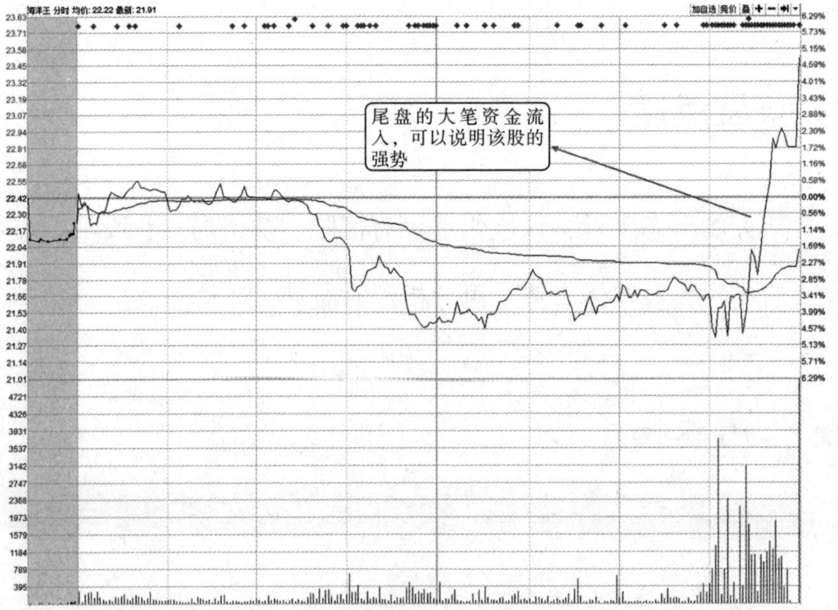
尾盘的大笔资金流入，可以说明该股的强势

分时图

操盘解析

尾盘急速拉高的股票通常说明个股主力做盘资金、实力有限，尤其是大势震荡的时候，通过尾盘急速拉高做高股价，能够节省做盘成本。注意将个股价格和个股技术形态结合判断分析。如果一只股票构筑缓慢的上升通道，并走进最后的五浪加速期，那么，这个时候的急速拉高属于本身趋势形态上涨加速，在股价快速起飞的初期，可以适度跟涨，反之，则应该观望。

操盘点睛

股价短期急速回打到60日均线时，一般会引发强烈反弹，老手懂得在这些关键位置低吸。当然，该股尾盘拉升看上去强势，其实有偷袭的味道，主力拉升诚意不足，短期想持续强势有难度。

心得感悟

28 亚邦股份

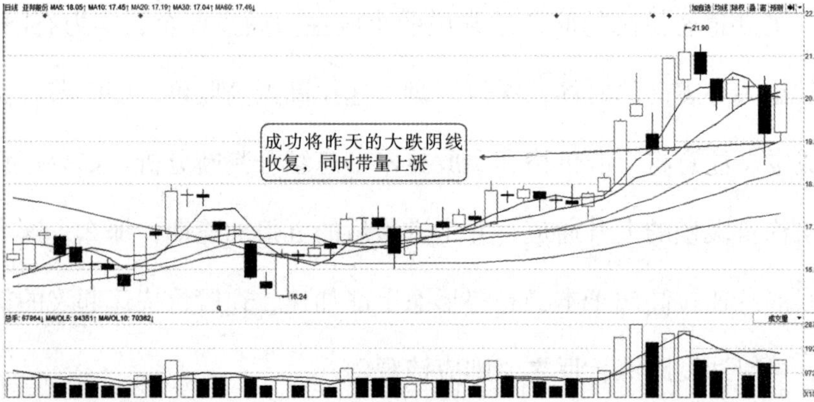
成功将昨天的大跌阴线收复，同时带量上涨

日K线图

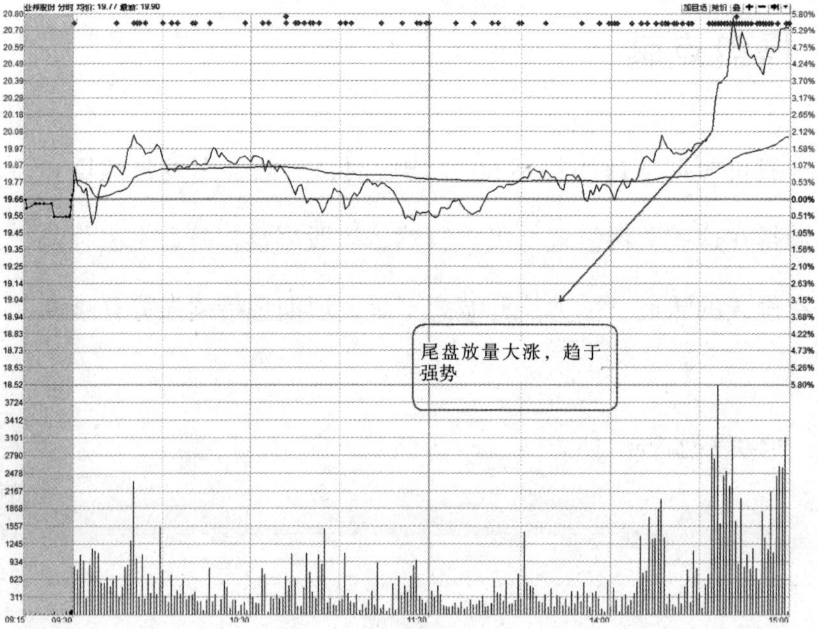
尾盘放量大涨，趋于强势

分时图

操盘解析

尾盘最后 1 小时左右开始放量振荡拉升，不是平滑的直线，全天成交量也明显比先前放大，K 线上看是量增价涨的态势，但分时表明庄家力量不强，这种尾盘的振荡拉高其实是一种对敲，这样的拉升方式主要目的还是吸引跟风入场，既降低庄家拉升的成本，又为以后的出货提供了空间，这种走势出现后往往股价还能走高，但持续时间不会很长。

操盘点睛

股价大跌第二天能够强势收回来，一般短期是有冲高动力的。但是，该股是尾盘最后半个小时才表现的，短期爆发力有限。

心得感悟

29 东方海洋

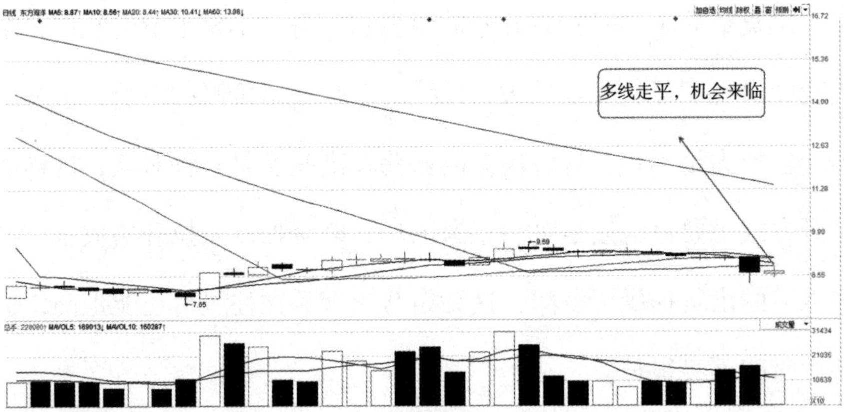
多线走平，机会来临

日K线图

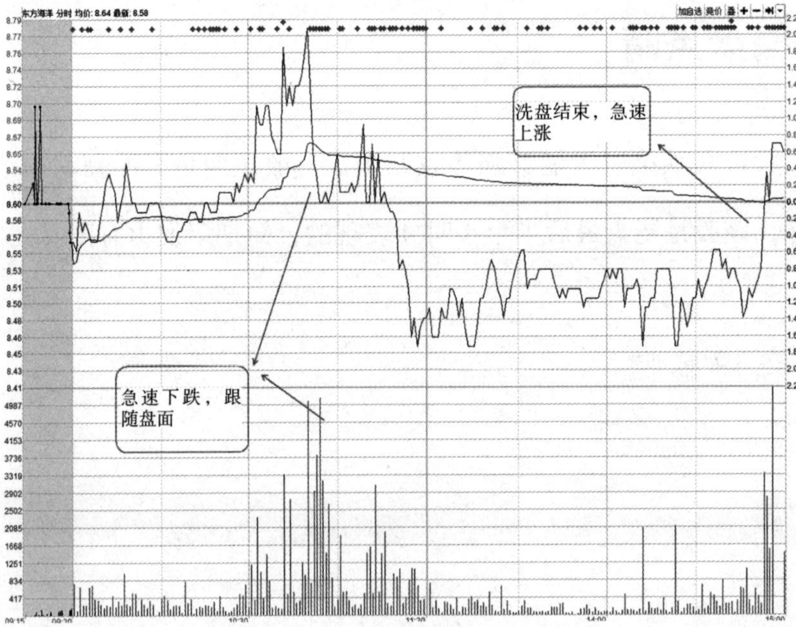
洗盘结束，急速上涨
急速下跌，跟随盘面

分时图

操盘解析

个股在低位出现尾市急拉现象，一般说明主力掌握的筹码不足，拉高是为了吸筹，以备打压股价之用。次日甚至此后数日，下跌概率极大。个股在中位出现尾市急拉现象，一般说明处于拉升中继，如果全天股价均在高处，则次日上涨的概率较大；如果全日股价处于盘整状态，说明洗盘即将开始，尾市拉升，是为了加大洗盘空间但同时又不愿深跌，以免廉价筹码被散户抢去。个股在高位出现尾市急拉，一般是为了加大出货空间，逢高及时卖出是明智的选择。

操盘点睛

上午冲高后股价直线跳水，然后横盘，横盘的时候伴随较大的成交量，这其实是一种对敲诱多的手法。

心得感悟

30 滨化股份

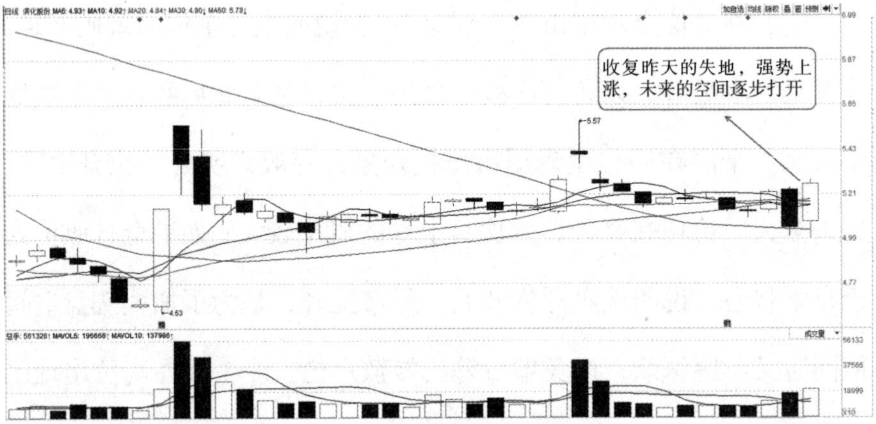
收复昨天的失地，强势上涨，未来的空间逐步打开

日K线图

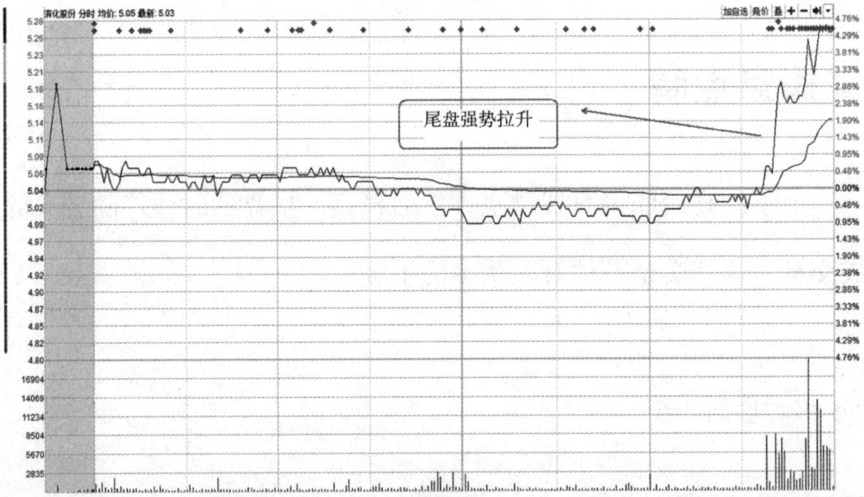
尾盘强势拉升

分时图

操盘解析

该股主力机构对大盘或该股未来走势不看好，不敢大量入市接筹护盘。但因自身已持有该股大量筹码，便利用尾盘偷袭方式拉起股价，可以达到不用花费过多资金又能拉起股价的目的。这是信心不足的护盘动作。尾盘偷袭护盘动作属于机构实力有限所致。

操盘点睛

日线上看，股价阳包阴收复上一交易日失地。从分时图看，股价是尾盘偷袭，这种拉升是有问题的。看股票不能只看日线，而是要日线、分时等多周期结合起来分析。

心得感悟

㉛ 首商股份

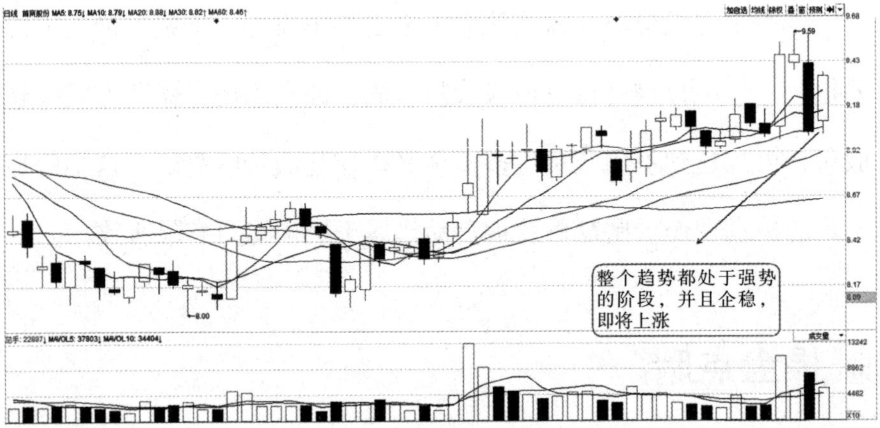
整个趋势都处于强势的阶段，并且企稳，即将上涨

日K线图

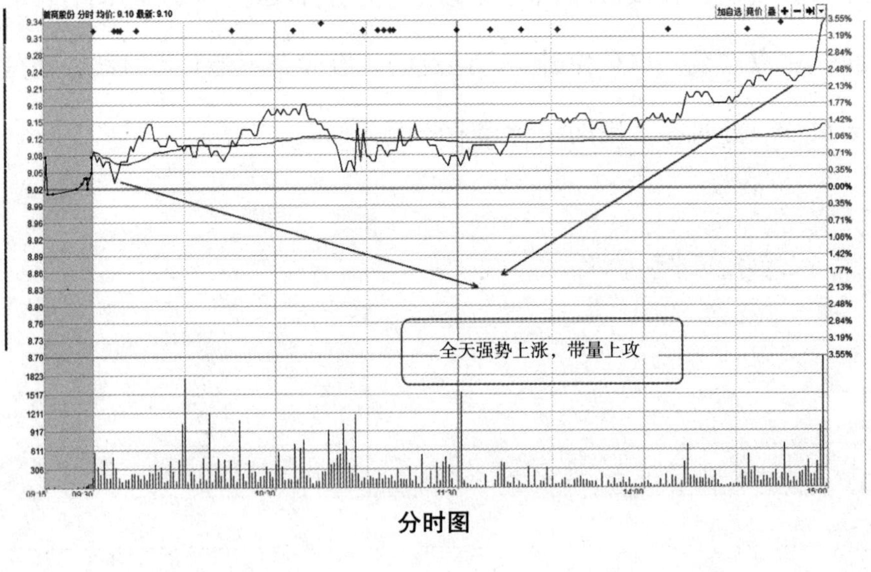
全天强势上涨，带量上攻

分时图

操盘解析

日线图上刚出现突破的个股盘中运行一般较为稳健，特点之一就是庄家很少会将股价打低到分时均线下方运行。如果发现盘中跌回均价线并且无力返回时，要小心是庄家的诱多行为，识别这个动作的要点是开盘一小时后必向下跌破均价，显示庄家当天无心护盘有意做震荡。所以如果错过了开盘强势的个股，要及时发现可以摆脱指数震荡并且能以温和放量的形态将股价运行在均价线之上的个股，尽量在均价线附近吸货较为安全。

操盘点睛

日线技术走势看上去不错，但进入分时图后可以发现，股价仍然是尾盘偷袭的，这种主力要么实力弱，要么有阴谋，短期很难有靓丽表现。

心得感悟

32 秦岭水泥

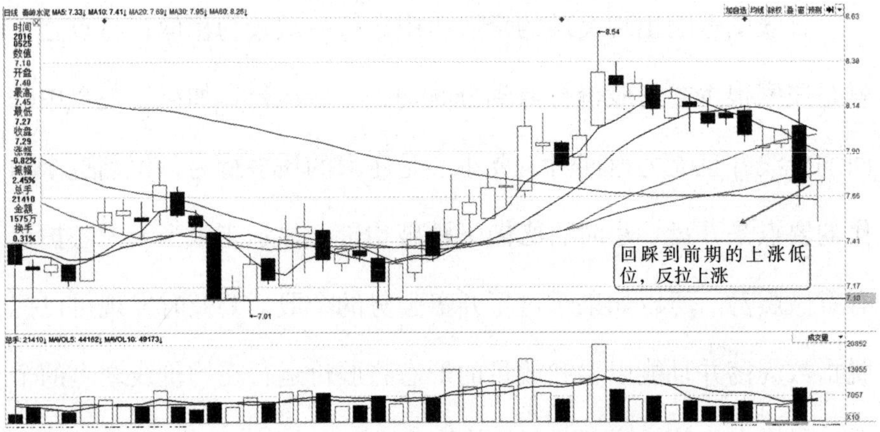
回踩到前期的上涨低位，反拉上涨

日K线图

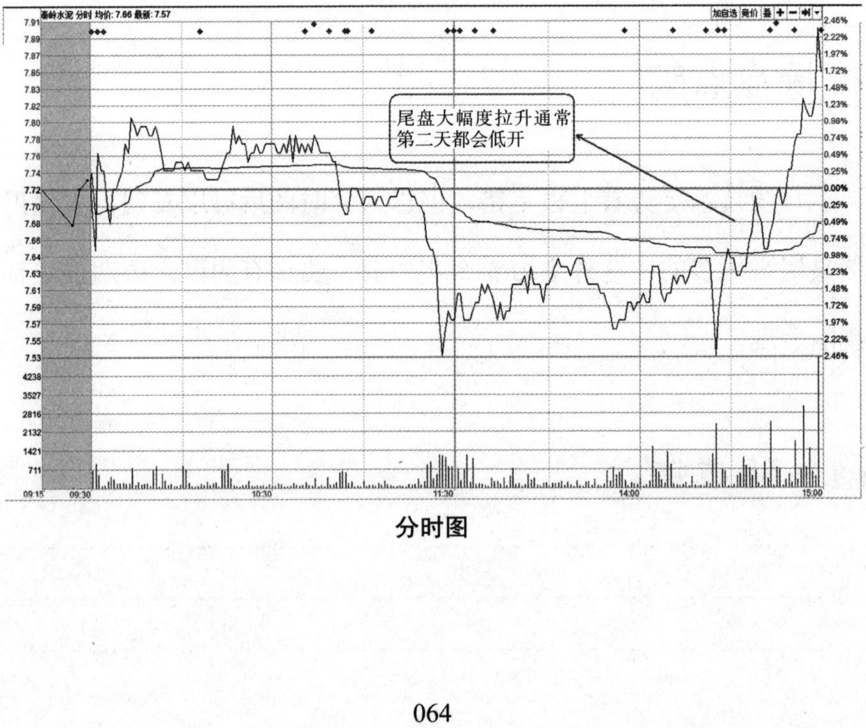
尾盘大幅度拉升通常第二天都会低开

分时图

操盘解析

主力出货前的主要特征：量价背离、放量滞涨。任何股票，不管在任何情况下，只要是放量不涨，就基本可以确认是主力出货。当一只股票在上升过程中出现放量滞涨，即使当时没有出货，也离出货期不远了。

操盘点睛

该股是股价波段上涨后回调到60日均线后引发的反弹，适合低吸。当然，尾盘拉升说明主力诚意不够，要见好就收。股价波段上涨后，第一次回调60日均线附近是很好的低吸机会，准确率很高。记住是第一次，如果第二、第三次，准确率会逐步下降。

心得感悟

33 歌华有线

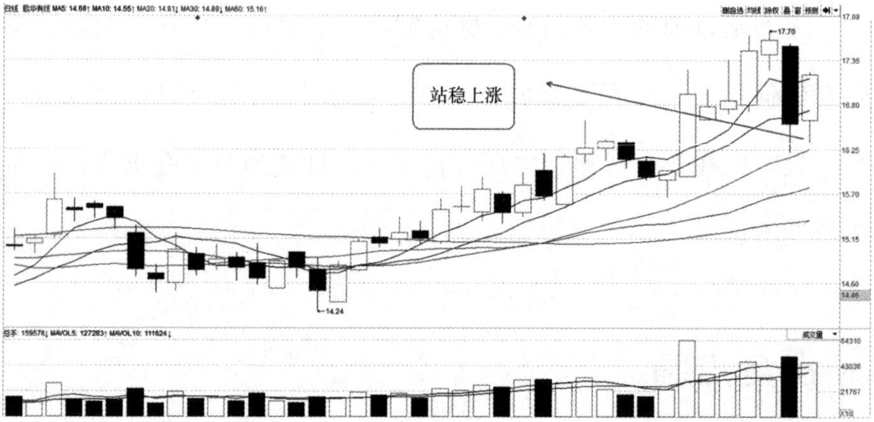
站稳上涨

日K线图

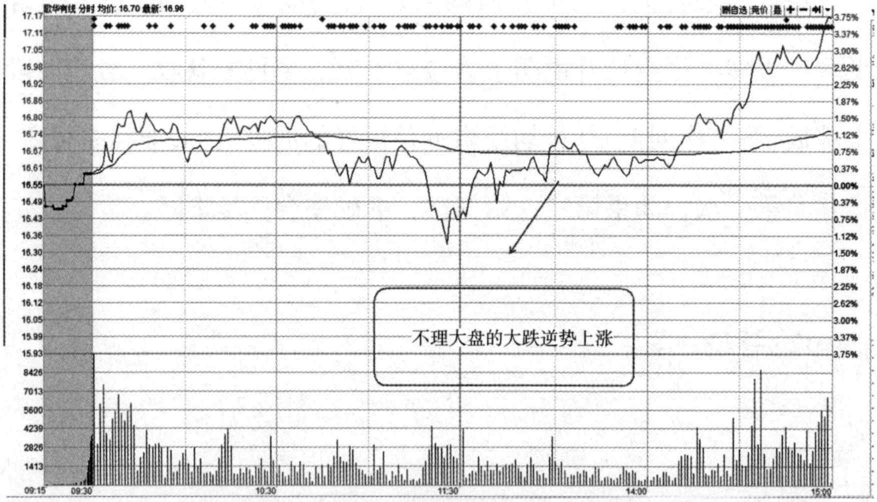
不理大盘的大跌逆势上涨

分时图

操盘解析

在主力进场过程中，部分机构特别是短线主力喜欢利用尾市拉升收集筹码。这种尾盘高举高打往上扫货通吃的吸筹，一般在大盘当天下跌或者表现弱势时出现。在下跌市场中主力逆市拉高个股更容易引发盈利盘解套盘抛售，比较容易收集到筹码。

操盘点睛

股价波段上涨后第一次回调到 20 日均线，是一个不错的短线机会。当然，此股也是尾盘半个小时才发力，而且当日阳线没有全部收复前一日阴线失地，意味着主力实力有限。

心得感悟

34 凯恩股份（1）

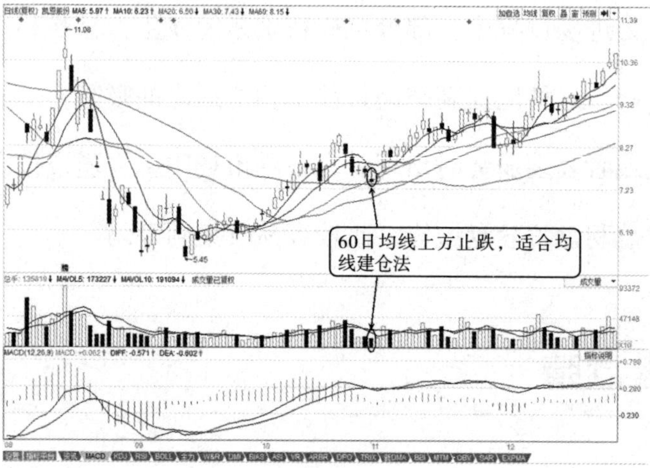
60日均线上方止跌，适合均线建仓法

日K线图

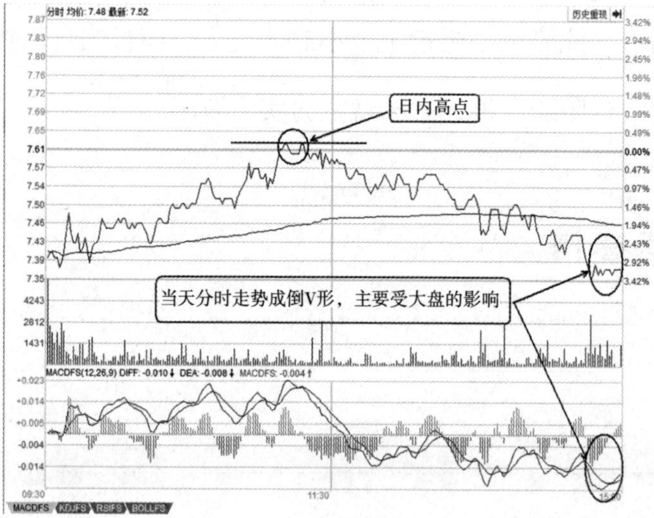
日内高点
当天分时走势成倒V形，主要受大盘的影响

分时图

操盘解析

K 线走势很流畅，在触底反弹的这波趋势后进入调整期，对公司深入研究的投资者会大胆介入，特别是在重要均线附近时建“哨仓”。当天凯恩股份的走势受大盘不好的影响，全天大部分时间都处于零轴之下，但是成交量较少，这是个好现象。

操盘点睛

在上涨趋势得以保持的情况下，股价极度缩量回调到 60 日均线，很容易重新上攻，很多高手会在这个位置布局。一方面很容易短期爆发，另一方面即使看错止损幅度也会比较小。以有限的亏损去换取大幅赢利，是操盘的长久生存之道。

心得感悟

35 海南瑞泽

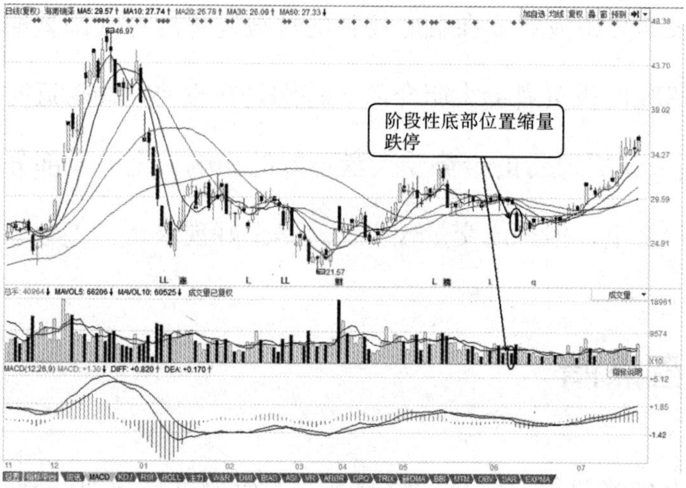

日K线图

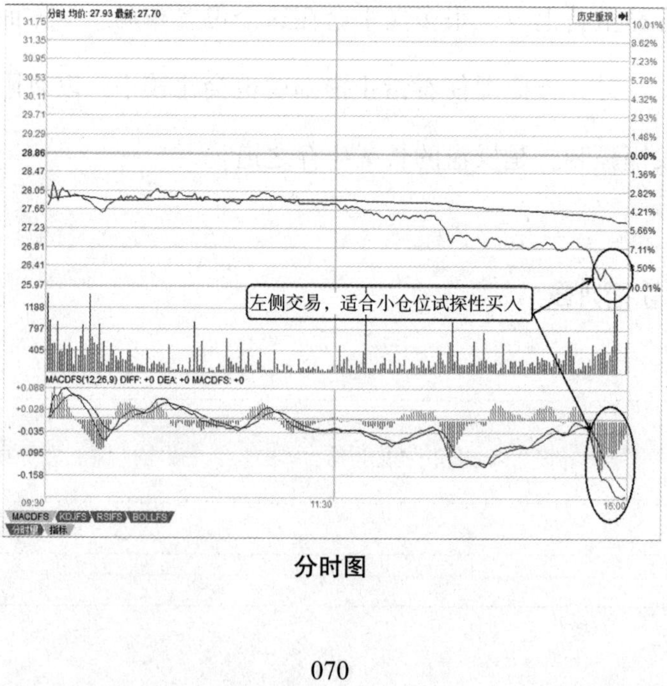

分时图

操盘解析

该股本身并不是那种受市场资金热捧的题材股，当天并没有大利空，这种突然的大跌有诱空的可能。但是这天的跌停均线已经破位，此时建仓要小心，小仓位买入较稳妥。

操盘点睛

什么股票适合左侧交易？必须是自己深入研究、估值相对合理的股票，股价风险有所释放之后才买入，而且左侧买入一般不宜仓位太重。该股尾盘才杀到跌停，其实是空头势头减弱的一种迹象，带有刻意为之、诱空的味道，激进的投资者可以试探性买入。

心得感悟

36 柘中股份

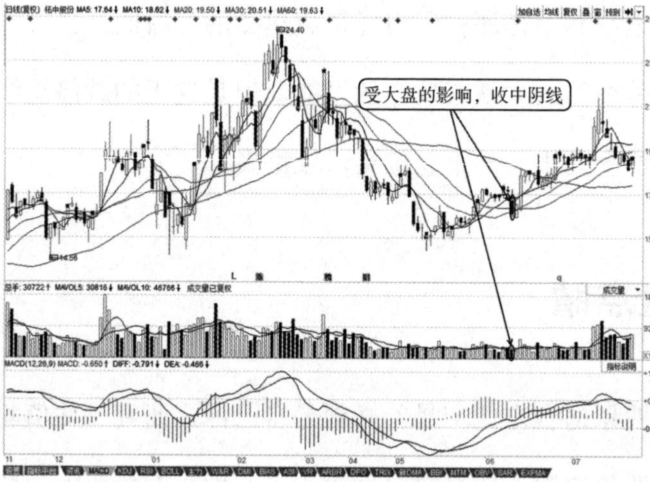
受大盘的影响，收中阴线

日K线图

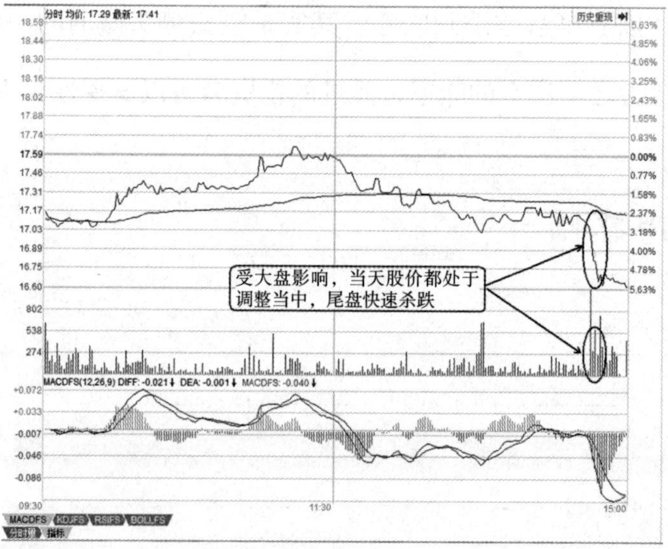
受大盘影响，当天股价都处于调整当中，尾盘快速杀跌

分时图

操盘解析

在上涨趋势下的个股，我们要把握投资的机会相对简单，重视重要的支撑线支撑，在重要均线附近建仓是比较安全的，反弹的力度也会较大，正所谓进可攻、退可守。

操盘点睛

尾盘才杀跌，看上去很吓人，其实并不用恐慌。特别是大盘暴跌时更是如此，说明主力基本上一整天都在积极维护股价，到尾盘大盘跳水才退守。既然如此，主力很可能短期之内就会卷土重来。因此，如果你对这种股票很有信心，尾盘急跌时反而是低吸机会。

心得感悟

37 建艺集团

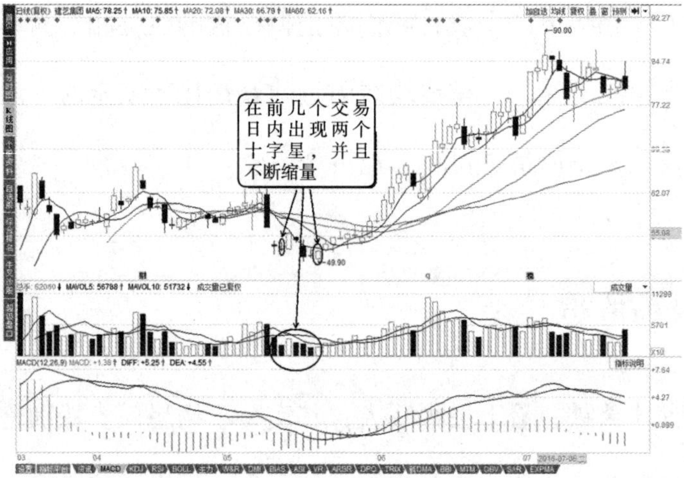
在前几个交易日内出现两个十字星，并且不断缩量

日K线图

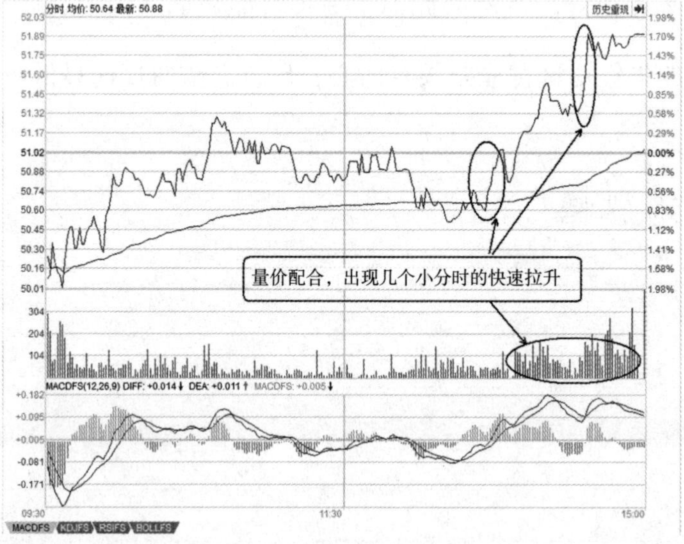
量价配合，出现几个小分时的快速拉升

分时图

操盘解析

一周内出现几颗缩量十字星,这种信号是短线交易者较喜欢的,很可能就是短期见底反弹的标志。要把握这种阶段性底部，需要有很好的盘感。当天尾盘也出现了几次拉升，成交量不断增加，主力已经慢慢进入了，从当天分时来看，要跟进是有很多机会的。

操盘点睛

连续小 K 线（尤其是十字星），伴随着明显缩量，意味着筹码意志充分集中,股价短期要变盘了。如果这个时候再出现放量拉升,意味着股价要开展上涨之旅了，很多短线高手会及时跟进。

心得感悟

38 山东矿机

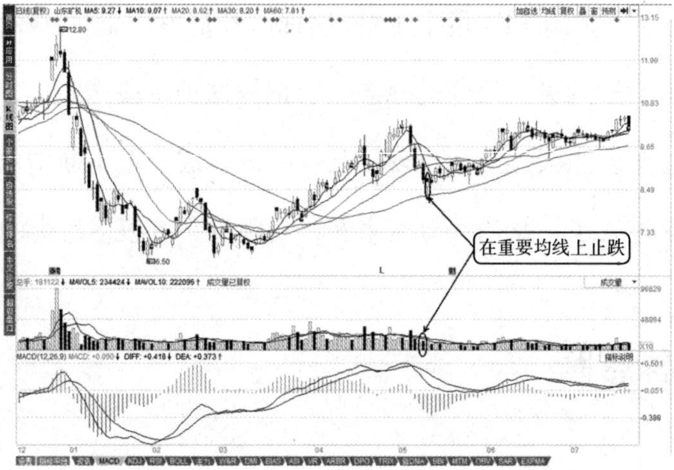

日K线图

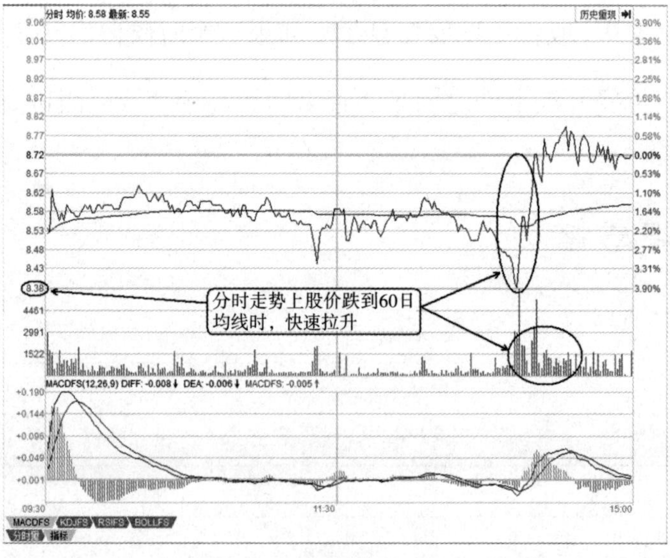

分时图

操盘解析

股价短期连续回调，风险持续释放，这个时候是可以在关键位置（比如 60 日均线、120 日均线）低吸的，会有不错的短线收益，成功率比较高。该股在经过一波上涨后有一波大的调整，在风险释放完后又将是新的一波行情。从分时上看，在 60 日线反弹较大幅度，小仓位跟进是可以的。

操盘点睛

在均线位置建仓是不错的选择，在 60 日线附近股价往往会有强支撑，即使失败，也可以以很小的亏损出局。

心得感悟

39 天威视讯

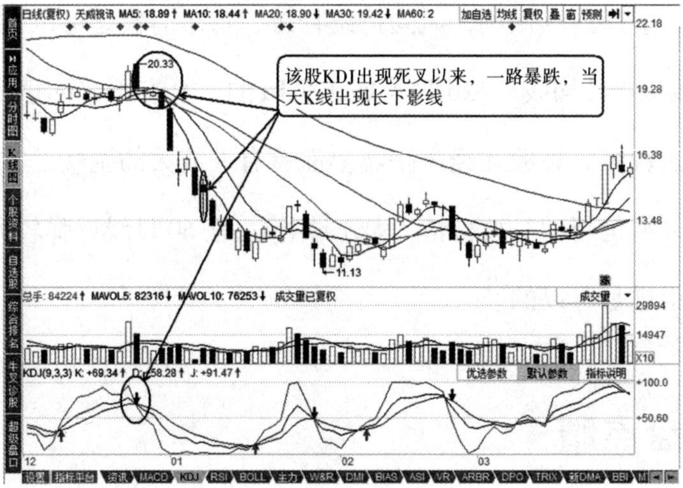

日K线图

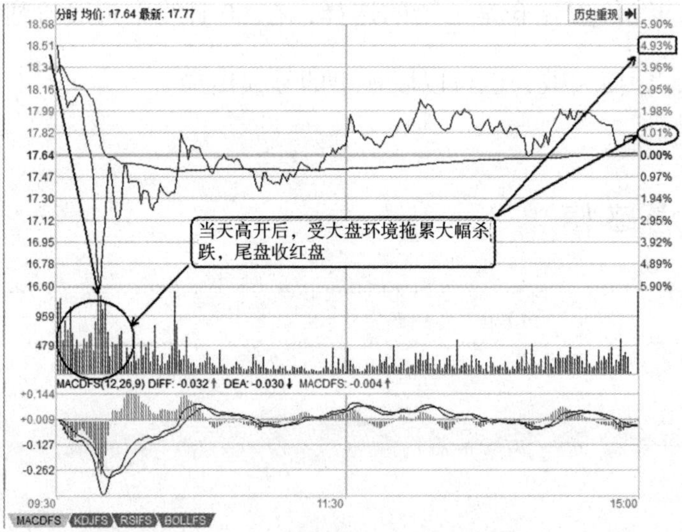

分时图

操盘解析

在下跌趋势下，我们更多的是等股票出现横盘企稳之后才买入，在趋势面前要懂得规避好风险，这样才能保证成功率。没有企稳的信号出现时抢反弹是比较危险的，从这波下跌的幅度来看，杀伤力巨大，分时上高开一路下跌，这种下跌反弹较难把握。

操盘点睛

下降中途的长下影线，意味着短期仍有可能继续震荡。大家要深入理解上下影线理论，对实战很有指导意义。

心得感悟

40 登云股份

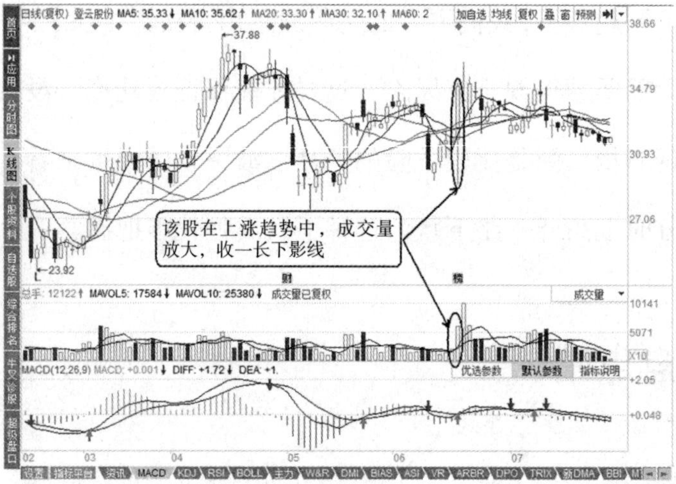
该股在上涨趋势中，成交量放大，收一长下影线

日K线图

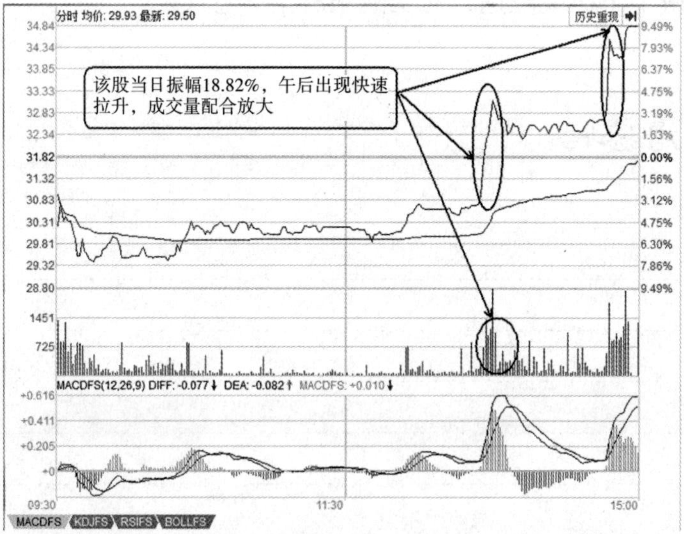
该股当日振幅18.82%，午后出现快速拉升，成交量配合放大

分时图

操盘解析

在区间震荡中，操作股票要注意高抛低吸，不盲目追高，规避风险。在上涨趋势中出现放量下影线，通常预示着短期上涨无力，很大可能后市将面临调整。从分时上看，当天出现两次较大幅度的拉升，振幅较大，获利盘众多，这种较不稳定的股票要谨慎参与。

操盘点睛

盘中两次带量急速拉升，尾盘拉升量没有上一次拉升时放的量大，隔天往往难以高开，短线实力不够，最好只是观赏。

心得感悟

41 胜利精密

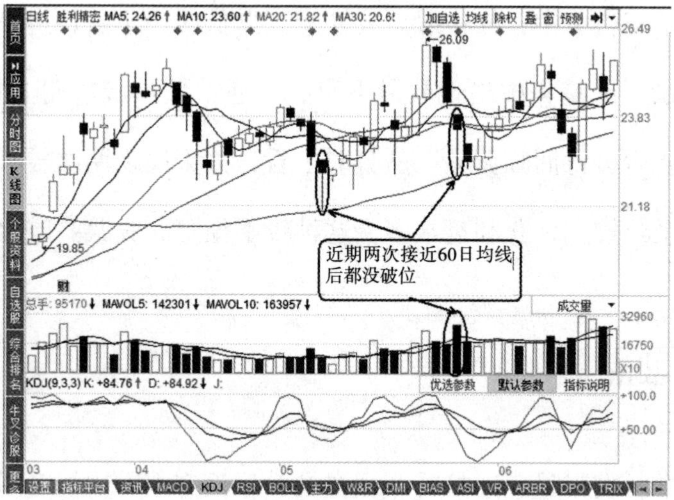

日K线图

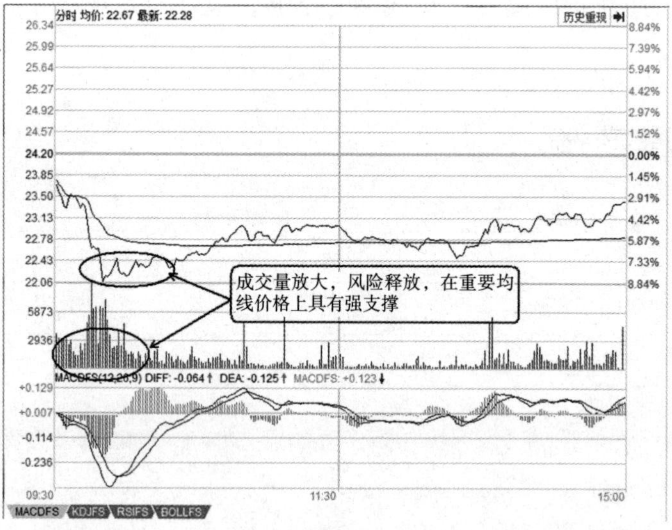

分时图

操盘解析

在上涨趋势没有确定时，吃小波段高抛低吸也会有不错的收益，在前期高点减仓，在前期低点附近的均线位置低吸，成功率较高。该股在两次触碰 60 日线时都止跌反弹，至于反弹的高度要看能否突破，还有市场认不认可。早盘大跌成交量放大，充分释放了下跌的风险，短期很可能进入超跌反弹。

操盘点睛

两次接近 60 日线后均获得支撑反弹，且在 60 日线附近成交量放大，风险充分释放，短期可以在 60 日线附近参与。

心得感悟

42 宝莫股份

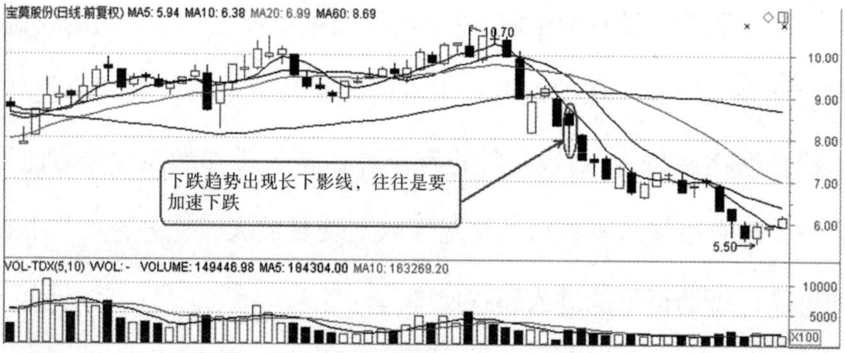

日K线图

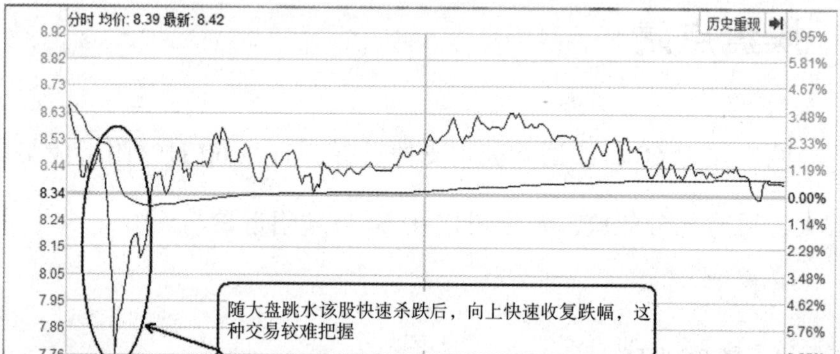

分时图

操盘解析

在下跌趋势确定的时候，抢反弹要谨慎，许多老手就是被套在下跌中继。下跌中下影线的出现更多的是加速下跌的标志。从当天的走势中我们发现，股价在跳水之后快速拉升，收盘在零轴之上，在当天低点买入或许具有短线的盈利，但这种操作太难，风险较大。

操盘点睛

下跌趋势中的长下影线，往往预示后期还要往下创新低，这种盘中急促反弹的机会很难把握，观赏就好。

心得感悟

43 末名医药

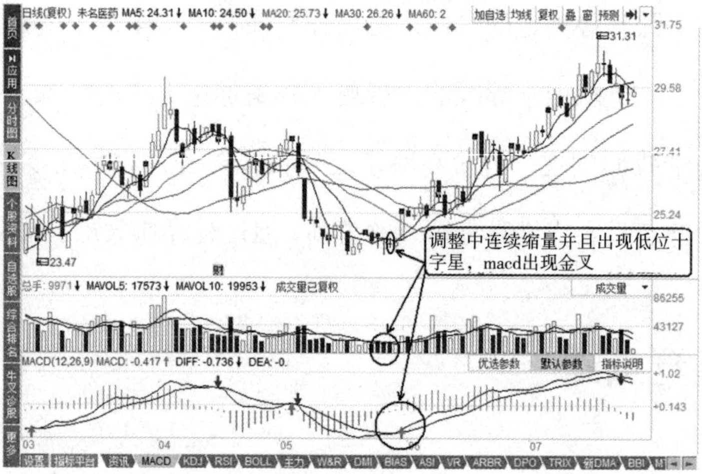

日K线图

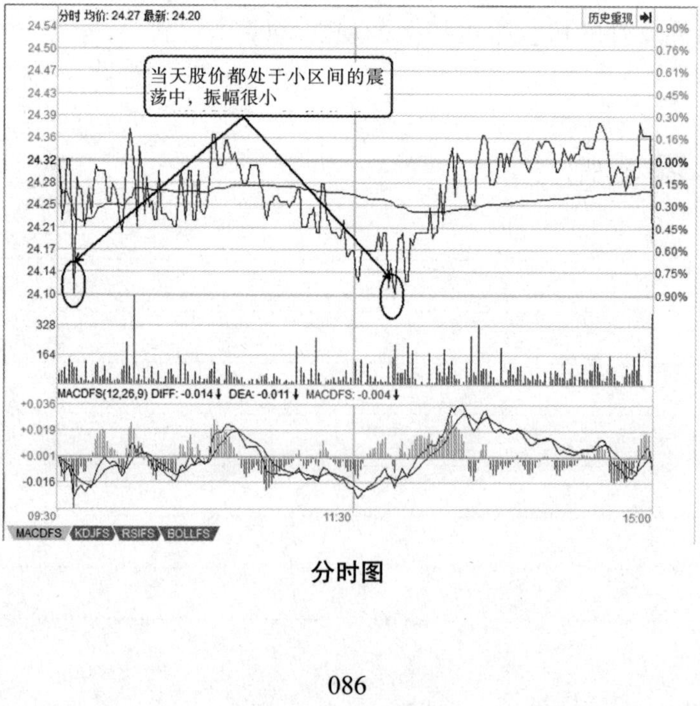

分时图

操盘解析

在下跌调整中，成交量持续缩小，可能会有一波行情。该股当前处在调整阶段，MACD 处于零轴附近，有蓄势反弹的动能，并且从前几个交易日看，该股下跌幅度逐渐减少，空方力量逐渐减弱。当天股票的分时图显示，振幅很小，并且成交量和换手率都很小，股价相对趋于稳定。

操盘点睛

下跌末端，成交量异常缩小，出现十字星信号，且 MACD 在 0 轴附近金叉，后期值得参与，关键看后期成交量能否有效放大。

心得感悟

44 恒大高新

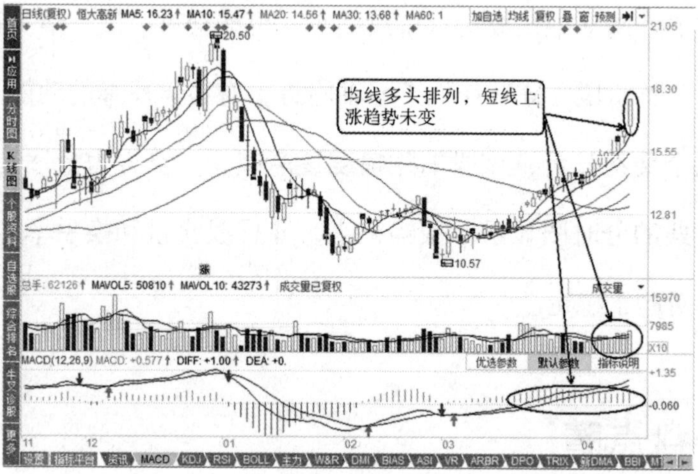
均线多头排列，短线上涨趋势未变

日K线图

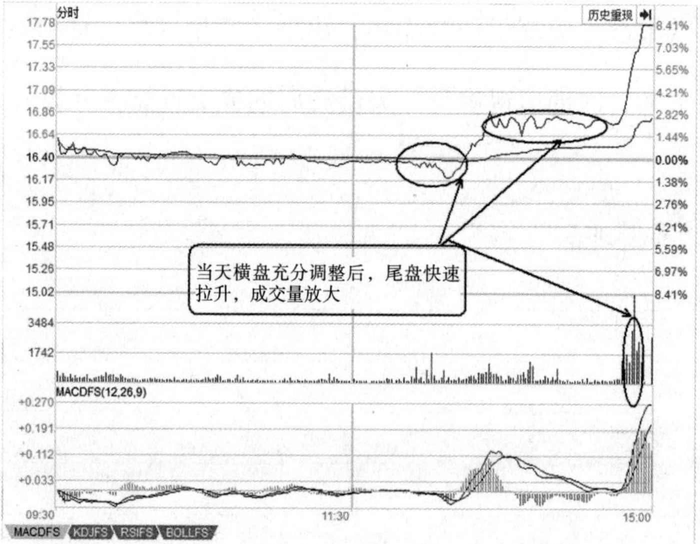
当天横盘充分调整后，尾盘快速拉升，成交量放大

分时图

操盘解析

尾盘放量拉涨，如果盘后有消息配合就是内幕消息提前反应，如果盘后没有，则更多是纯技术运作。在上涨趋势下，若有利好消息，或许会使股价加速上涨。该股均线多头排列，多头趋势不改，连续收涨 8 根阳线，此时多方强势。MACD 红柱依旧加长，成交量也放大，后市值得关注。

操盘点睛

隔天停牌，这是重组消息提前反应，上涨趋势中的尾盘拉涨停值得关注。

心得感悟

45 七匹狼

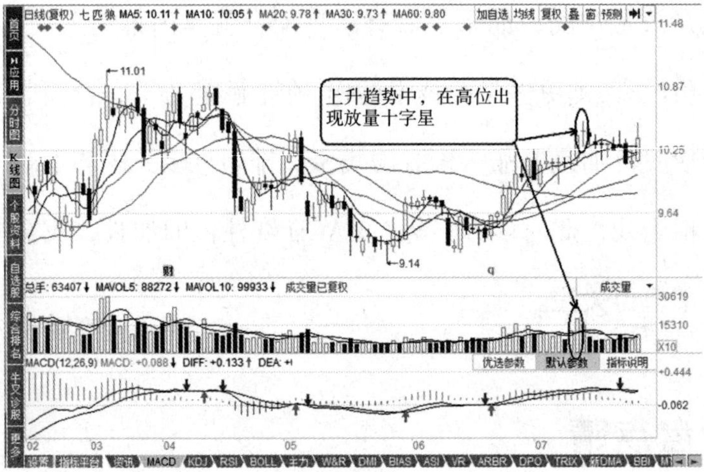

日K线图

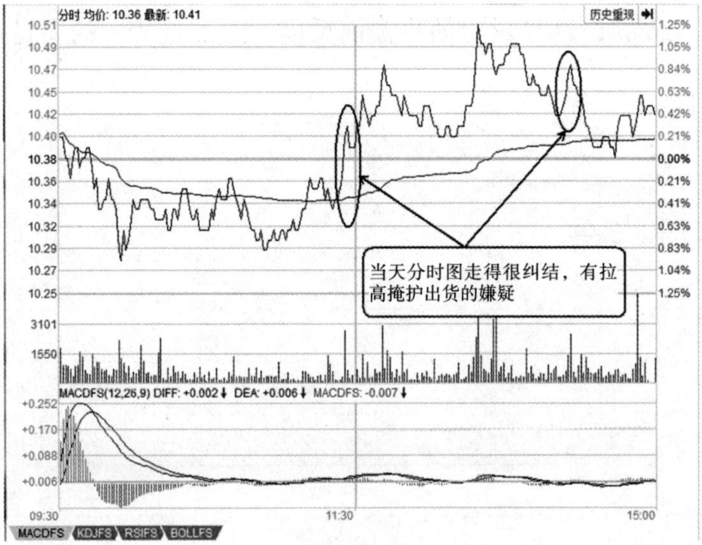

分时图

操盘解析

在前期高位附近时，股价往往会出现反复，在操作中需要观察量价变化，若出现放量未突破时要小心是否主力已分派筹码，减仓规避调整。该股当前仍处于上涨趋势中，但是从前几个交易日来看出现很多上影线，调整还不够充分，这种高位十字星要小心，防止被套的风险。

操盘点睛

上涨途中高位放量十字星，分时图看，走得很纠结，有拉高出货的嫌疑。

心得感悟

46 德美化工

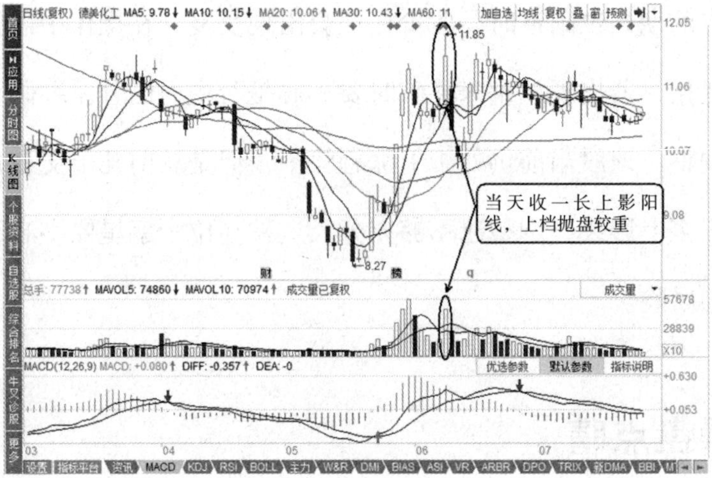

日K线图

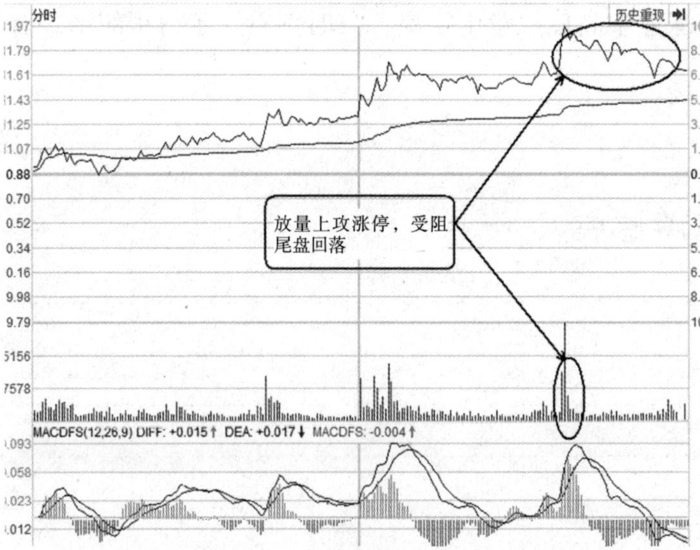

分时图

操盘解析

在前期高位附近，我们要关注量价变化，若不能突破高点，理应减仓回避调整。该股短期上涨幅度较大，获利盘很多，在最近几个交易日出现缩量调整。从当天的分时来看，午后冲击涨停后回落，成交量放大，K 线上突破前高收一上影线，这很可能是要进入调整期，短期要注意风险。

操盘点睛

短期上涨在 MACD 零轴下方启动，消耗过多多头量能，K 线上创出新高，但量能没能跟上，短期应出来观望。

心得感悟

47 中钢天源

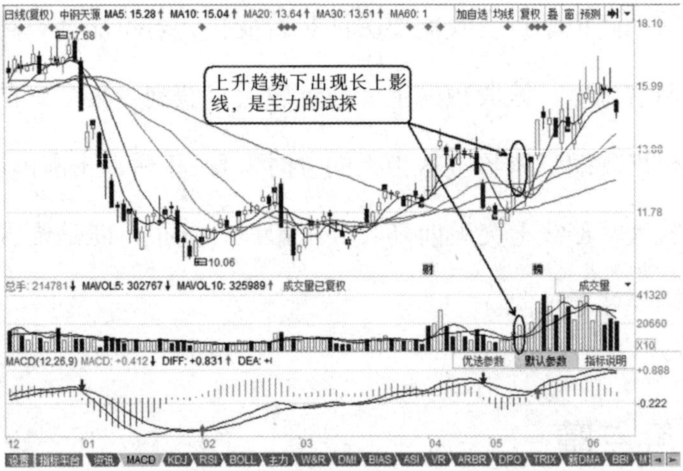
上升趋势下出现长上影线，是主力的试探

日K线图

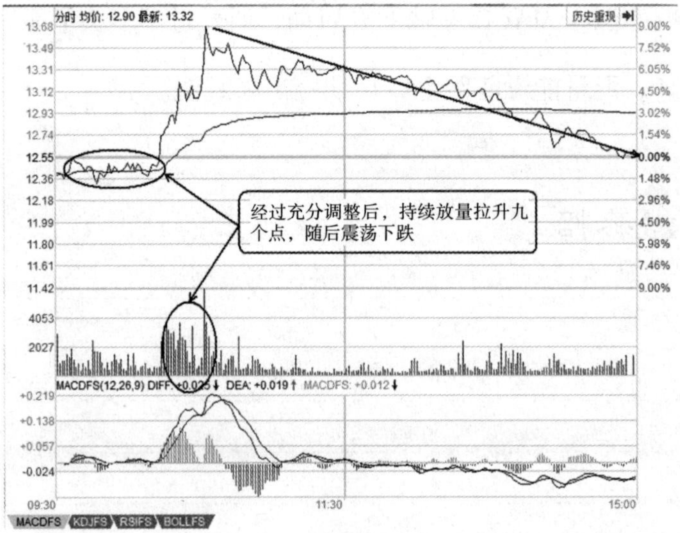
经过充分调整后，持续放量拉升九个点，随后震荡下跌

分时图

操盘解析

在趋势未明朗的时候，我们需要的是控制好仓位，同时在看好一只股票时，可以在均线位置建哨仓。该股在底部三连阳后出现长上影线，成交量有所放大，往往是“仙人指路”的形态。当天放量冲高后回落，收在 30 日均线上，有洗盘的可能。对于这种走势不妨在均线上逐步建仓，等待企稳上涨时再加仓操作。

操盘点睛

分时图上，蓄势充分后出现带量上攻，而后缩量回调洗盘。隔天缩量阴线且 MACD 在 0 轴附近金叉就是最好的买点。

心得感悟

48 威尔泰

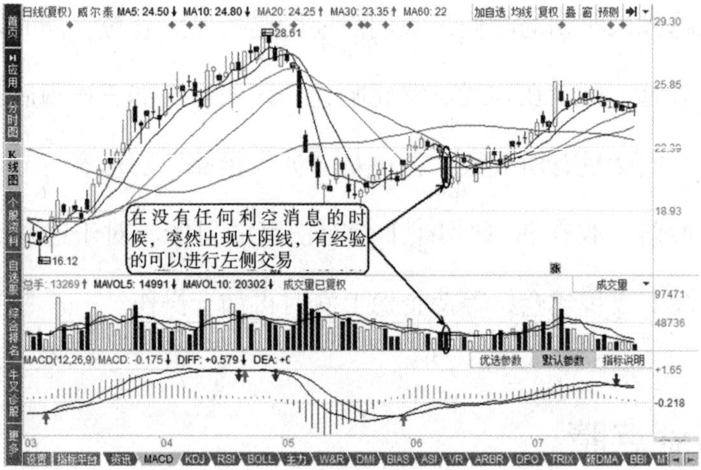
在没有任何利空消息的时候，突然出现大阴线，有经验的可以进行左侧交易

日K线图

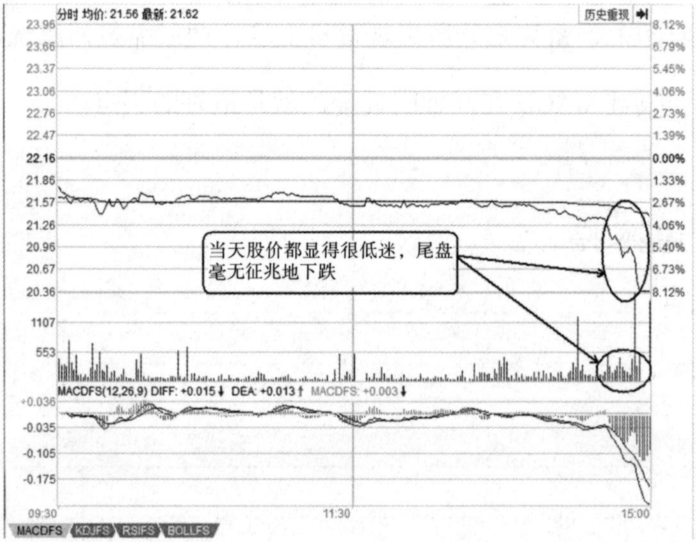
当天股价都显得很低迷，尾盘毫无征兆地下跌

分时图

操盘解析

经过前面的梳理，我们总结出许多个股尾盘杀跌其实并不可怕，胆大的可以轻仓买入，短线博弈。不过对于这种股票预期不能太高，要把握好买卖点。从该股 K 线走势来看，最近几天已经缩量，分时上尾盘突然下挫，很可能是最后的洗盘，跌透了上涨才更加顺畅。

操盘点睛

反弹到 MACD 零轴附近，分时图在毫无征兆的情况下尾盘杀跌，后期向上概率非常大。

心得感悟

49 煌上煌

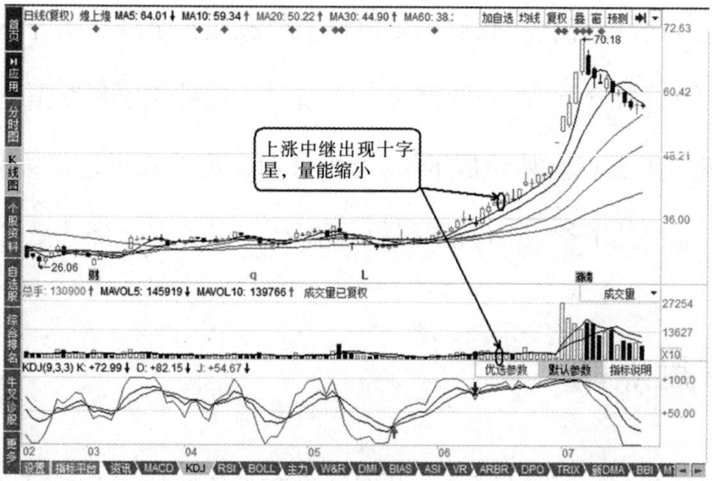
上涨中继出现十字星，量能缩小

日K线图

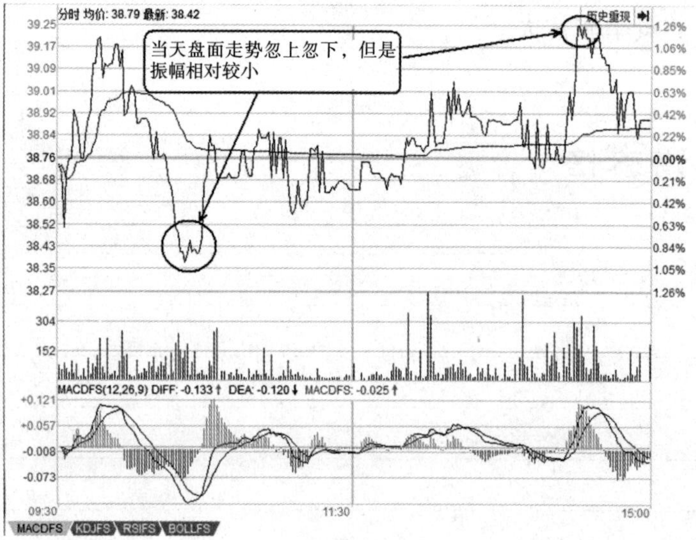
当天盘面走势忽上忽下，但是振幅相对较小

分时图

操盘解析

对于上涨趋势确定的股票，持股待涨是很好的策略，该股本身具有高送转题材，在市场资金炒作时会有很大的上涨空间。从K线走势上，我们可以发现走势很流畅，均线多头排列向上发散，这种趋势良好的股票，跟进的投资风险较少，一旦加速上涨，收益是很可观的。

操盘点睛

均线多头排列，连续收小阳线，上涨过程中出现缩量十字星，分时图上窄幅震荡，很像“空中加油”形态，后期仍有上涨空间。

心得感悟

50 百洋股份

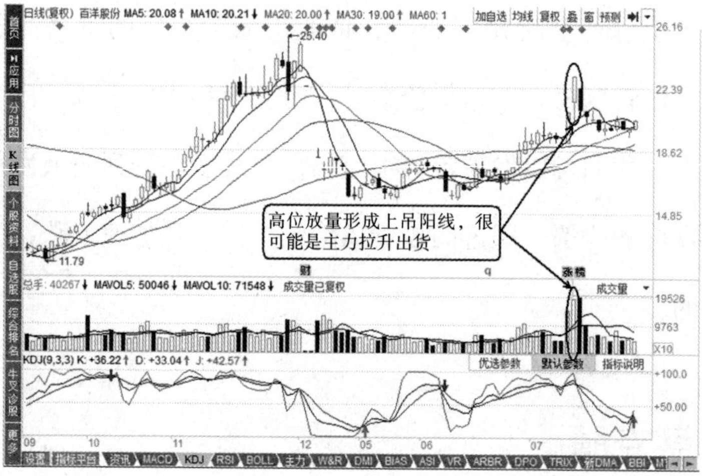

日K线图

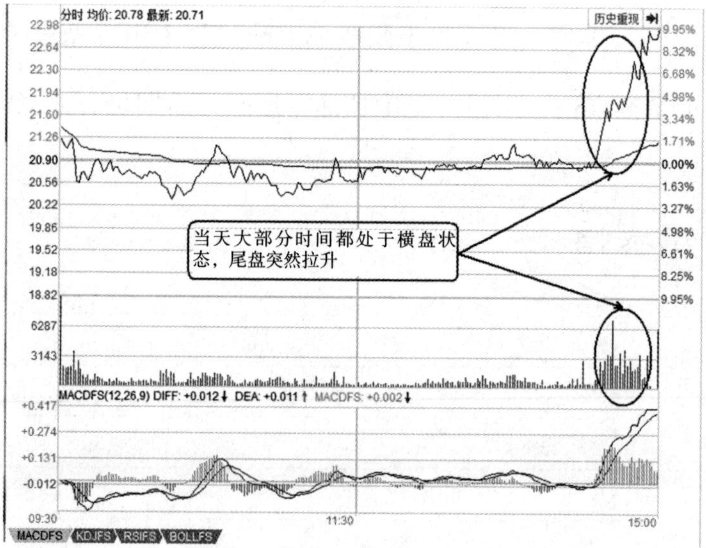

分时图

操盘解析

从整体 K 线走势上看，前段时间的大跌套牢盘众多，要突破需要密集的成交量，因此越往上的位置压力越大。该股在上涨趋势下出现长下影线，这种在高位出现的形态要小心主力拉高出货。在近期的上涨中，KDJ 指标都维持在高位，买方力量逐渐减弱。当天尾盘的拉升，在没有底仓的时候买入是比较被动的，要防止主力拉高第二天出货。

操盘点睛

上涨趋势中，前一天尾盘放量涨停，第二天收长下影线，尾盘带量涨停，后期往往预示着调整。

心得感悟

51 本钢板材

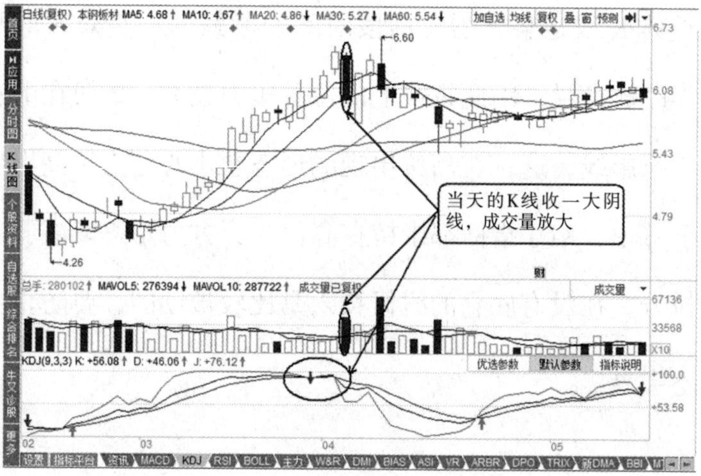

日K线图

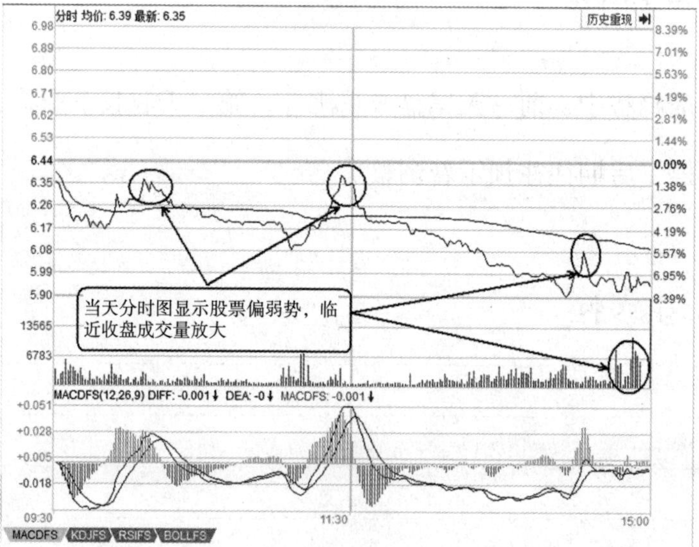

分时图

操盘解析

趋势投资是很好的投资理念，适应市场的人往往是赢家，在股票上涨趋势不改的时候，持股待涨是很好的操作。但是如果在高位出现大跌，是值得关注的，很可能是高位见顶的信号之一。该股KDJ值也一直维持在高位，短线很可能形成技术上的死叉卖点。当天的分时走势也明显弱势，全天都处于0轴之下，这种是卖点不是买点。

操盘点睛

上涨趋势中，出现带量大阴线，且分时图上全天维持弱势震荡下跌走势，此时应该警惕，短期往往是见顶信号。

心得感悟

52 索菱股份

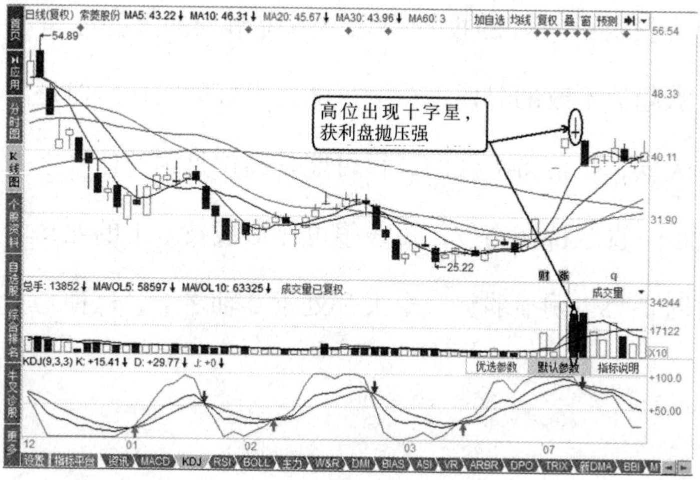
高位出现十字星，
获利盘抛压强

日K线图

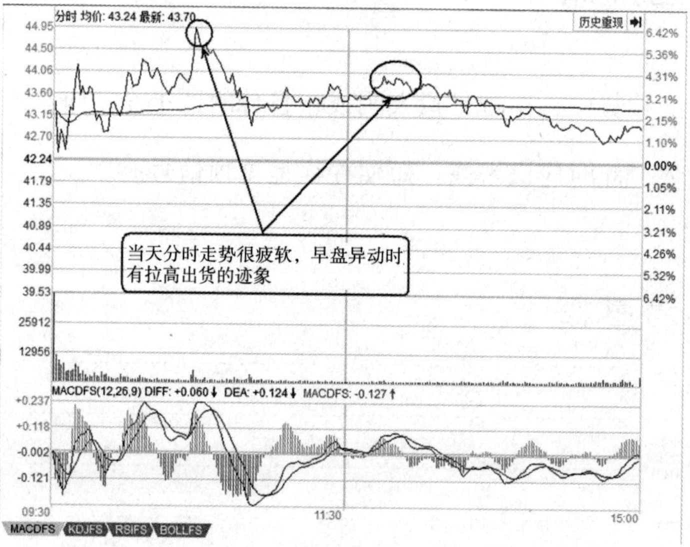
当天分时走势很疲软，早盘异动时
有拉高出货的迹象

分时图

操盘解析

面对短期上涨过多的股票，我们要保持冷静，决不可贸然追高，要知道股价不可能连续上涨，获利盘多了之后抛盘的压力也随之出现，要消耗这部分压力需要密集的成交量堆积。该股盘子较小，在复牌之后出现三涨停，短期积累了很大的抛盘压力，当天分时上也有拉高出货的可能，短期不宜追高。

操盘点睛

复牌个股，放巨量收长上影线，分时图上早盘上冲没带量，有出货迹象。

心得感悟

53 光迅科技

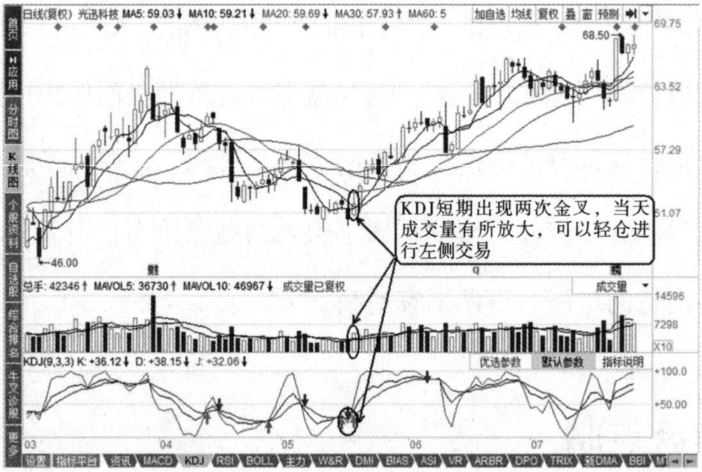
KDJ短期出现两次金叉，当天成交量有所放大，可以轻仓进行左侧交易

日K线图

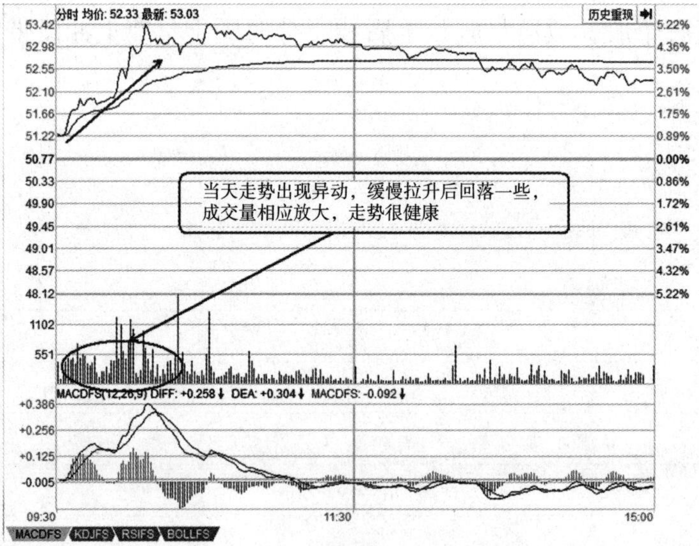
当天走势出现异动，缓慢拉升后回落一些，成交量相应放大，走势很健康

分时图

操盘解析

在下跌趋势中出现持续缩量时，若股价出现一段时间的企稳，我们可以小仓位试探买入。或许有时不是买在最低位，但是下跌可以加仓，摊薄成本，等待主升浪的到来。该股走势上出现长上影线，并且成交量有所放大，5 日和 10 日 MACD 有向上的趋势。当天的分时中，早盘便出现明显的异动，成交量有效放大，价升量增这种配合较好。尾盘股价回落也始终收红，成交量缩小。

操盘点睛

下跌趋势中，MACD 在 0 轴附近出现带长上影线放量的阳线，后期往往预示着反转。

心得感悟

54 华昌化工

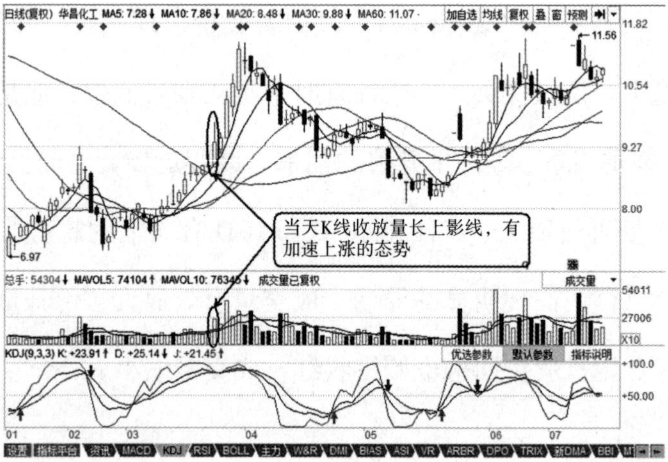
当天K线收放量长上影线，有加速上涨的态势

日K线图

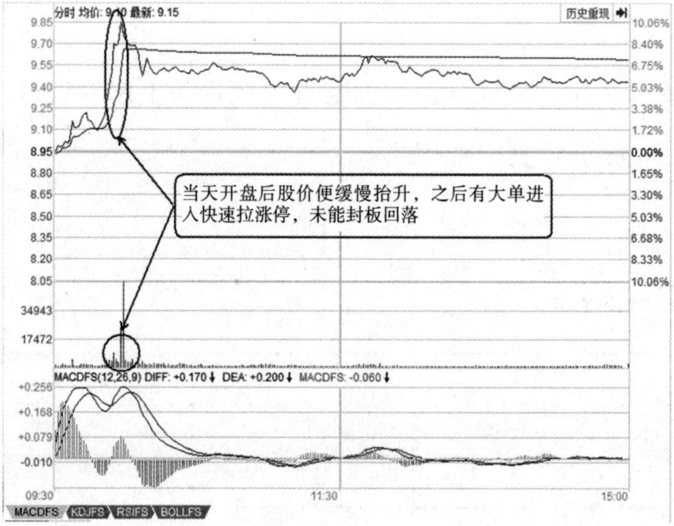
当天开盘后股价便缓慢抬升，之后有大单进入快速拉涨停，未能封板回落

分时图

操盘解析

在上涨趋势未改的时候，更多的操作是顺势而为，持股做多为主。该股沿 5 日均线向上，均线都发散向上，此时大有加速上涨的可能。但是面对这种走势也要区别对待，加速上涨之后很可能就是进入调整期，所以预期不能太高。会买的是徒弟，会卖才是师傅。

操盘点睛

均线多头排列，连续收出小阳线，当天放量收出长上影线，往往预示后期将加速上涨。分时图上，早盘放量拉到涨停，下午缩量回调洗盘，主升浪正式拉开。

心得感悟

55 亿帆鑫富

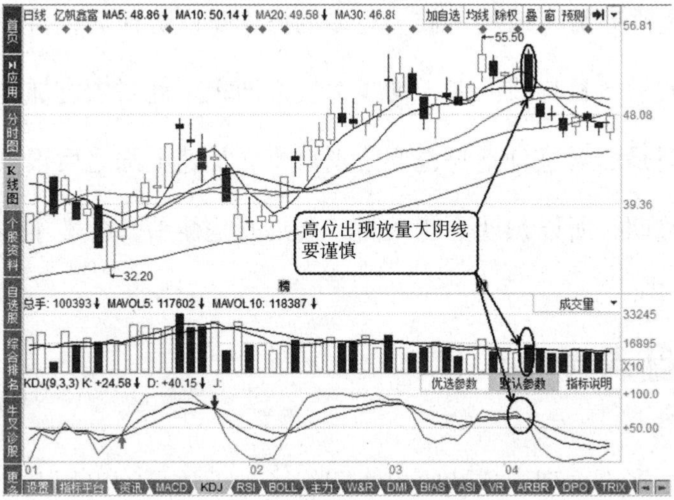
高位出现放量大阴线要谨慎

日K线图

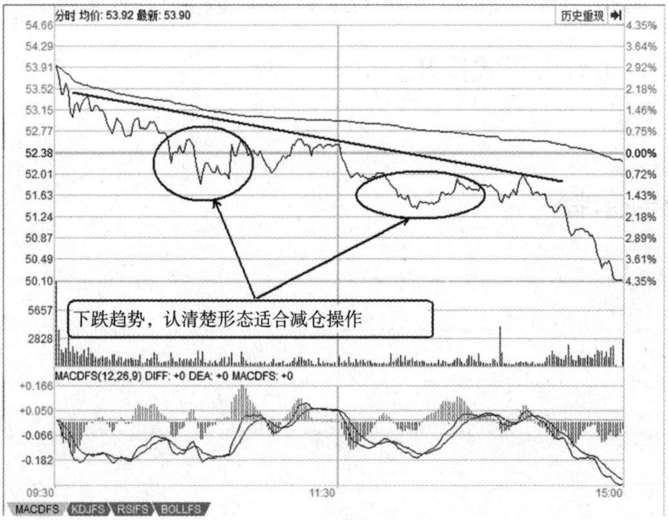
下跌趋势，认清楚形态适合减仓操作

分时图

操盘解析

操作股票要看清走势，在上涨趋势中，若出现涨不动的时候，要小心是否出现了短线的高点，减仓规避调整。该股在这个位置有短期见顶的可能，属于上涨趋势末端，出现大阴线对技术上杀伤力是极大的。各种指标都出现卖点，KDJ 死叉，当天的分时也显得很弱，高开后一路杀跌，面对这种走势是要小心的。

操盘点睛

上涨趋势末端缩量调整，突然出现放量大阴线，且当日分时图被黄色均线压制得死死的，要减仓控制风险。

心得感悟

56 华峰氨纶

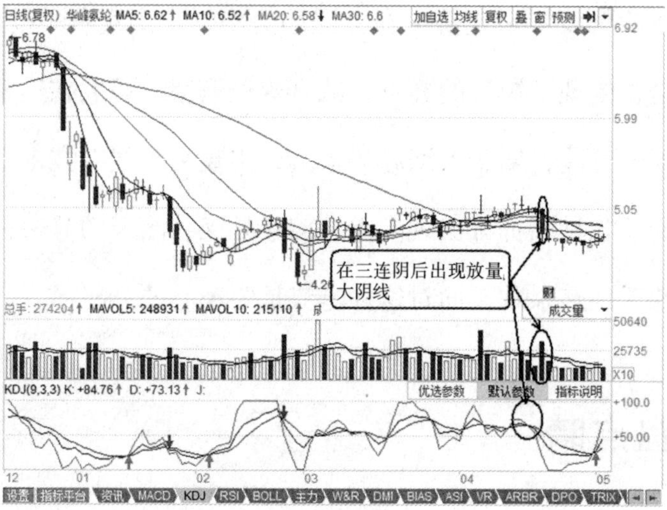
在三连阴后出现放量大阴线

日K线图

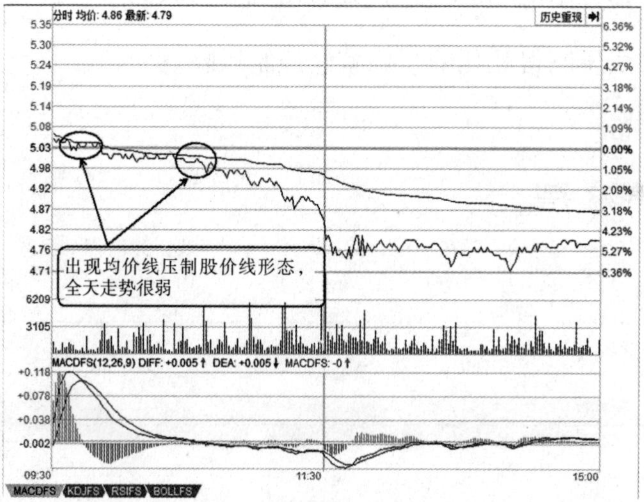
出现均价线压制股价线形态，全天走势很弱

分时图

操盘解析

当股价一直徘徊在底部时，说明一定有原因才使股价没有拉升，这时候便要思考值不值得去买入，后期有没有上涨空间。该股在3天的小跌后出现大阴线，这种形态很多是短期风险的到来，并且KDJ指标也出现了死叉，卖点出现。当天分时上也很弱势，开盘后均价线便一直压制着股价，减仓是最好的选择。

操盘点睛

无量反弹后出现三连阴，突然出现放量大阴线，且当日分时走势极弱，短期应减仓规避风险。

心得感悟

57 三垒股份

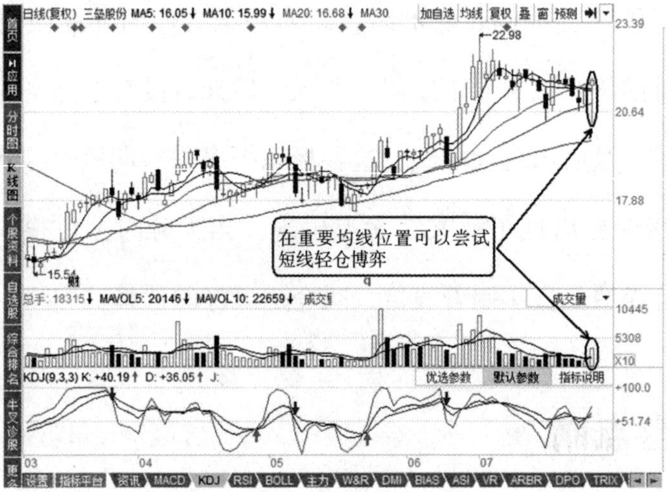

日K线图

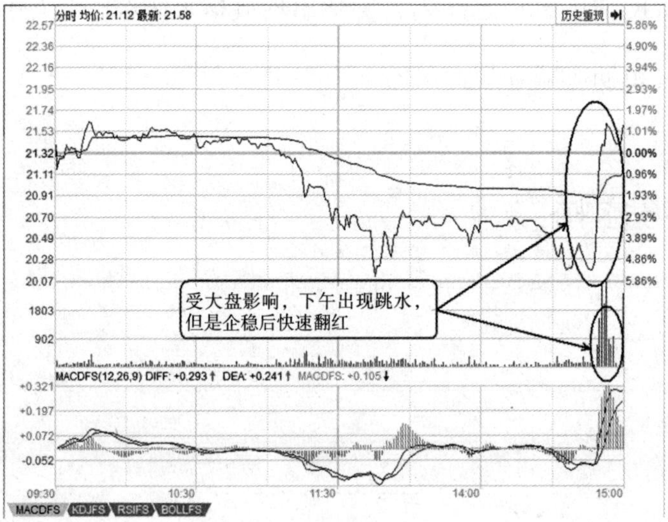

分时图

操盘解析

在重要均线位置一般都会有强支撑，在破位之后如果不能快速修复，很可能会继续下跌寻找支撑位。该股在一段时间的上涨后，小区间内调整了将近半个月。当天大盘下跌，很多个股跌幅较大，该股表现较为坚挺，股价跌破30日均线后，尾盘出现强势拉升。这种尾盘突然拉升的股票适合短线交易较灵敏的交易者博弈。

操盘点睛

上涨趋势中回踩30日均线，可短期搏反弹。当日尾盘拉涨，应该快进快出。

心得感悟

58 精功科技

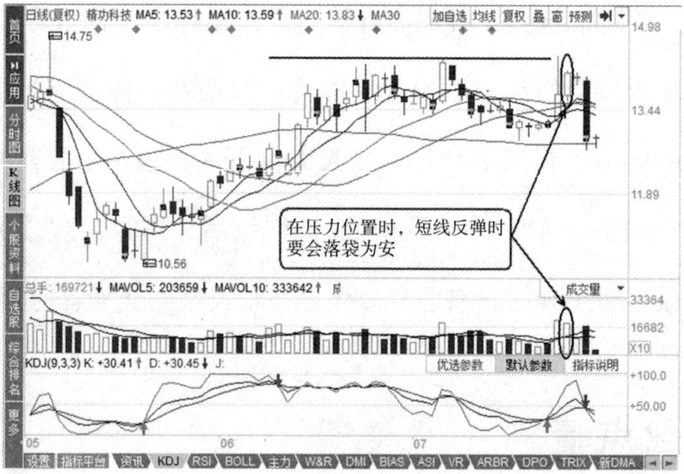
在压力位置时，短线反弹时要会落袋为安

日K线图

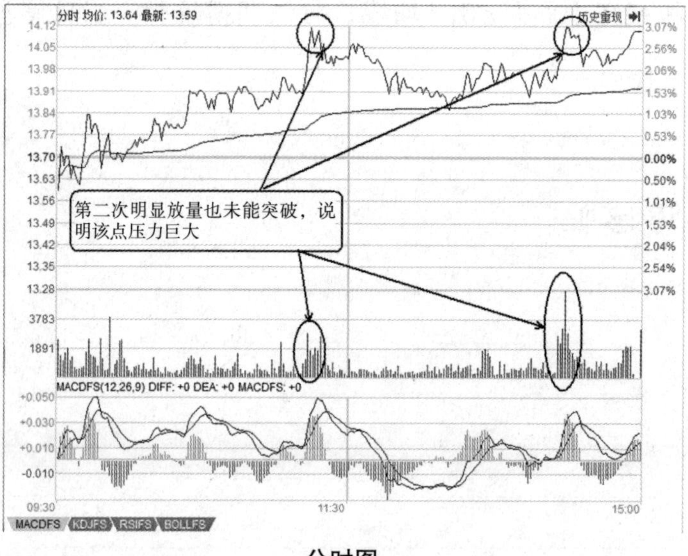
第二次明显放量也未能突破，说明该点压力巨大

分时图

操盘解析

该股在调整中下探60日均线止跌反弹，但是反弹的力度很低，面对前期高点时冲高回落。在压力位置面前，我们在买入前就要想好操作策略，冲不上去或许就应该考虑减仓防范再次回调的风险。当天分时上多次放量，但是都未能突破前期高点，随之形成当日的三重顶，压力凸显。

操盘点睛

前一天收放量带长上影线的K线，应该是后期看涨信号，当天收阳线却没能创新高，且当日分时线上第二波放巨量没能创新高，短期应减仓规避风险。

心得感悟

59 凯恩股份（2）

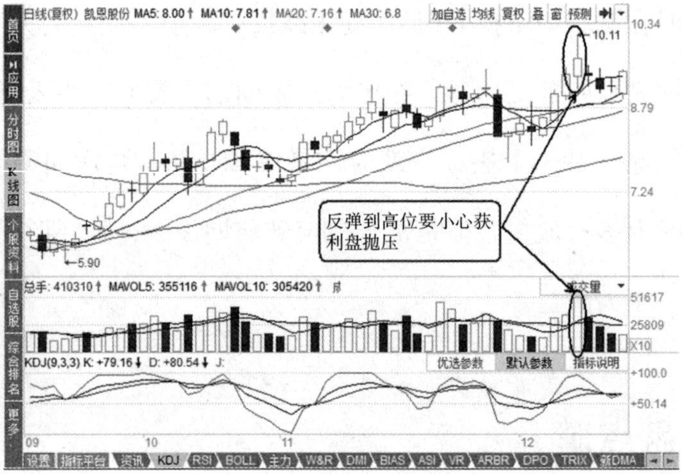
反弹到高位要小心获利盘抛压

日K线图

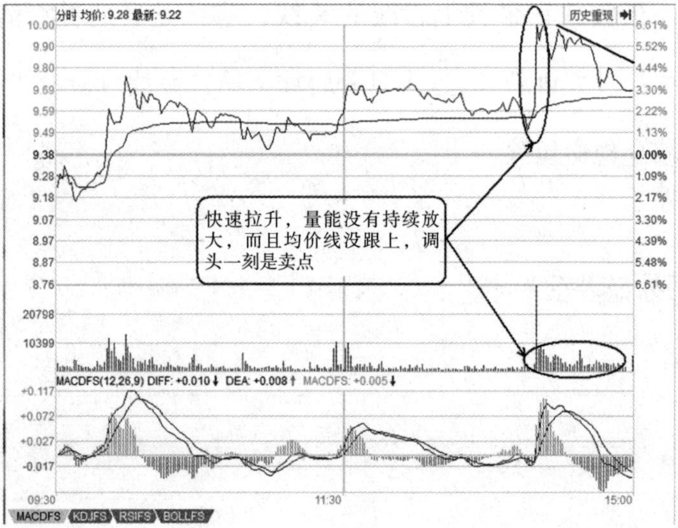
快速拉升，量能没有持续放大，而且均价线没跟上，调头一刻是卖点

分时图

操盘解析

该股股价重心逐渐上移，有缓慢上涨的态势，但是，在突破高点时面临很大的抛盘，几次反复的冲高回落调整，说明向上突破的力度还是不够，蓄势仍然不够充分。在实际的操作中高抛低吸是不错的短线策略，做小波段获取投资收益。当天分时走势上，午后有一波拉升，但是只是单一的大单推上去，很可能是主力的诱多，跟进很容易被套，反而在拉高时候是一个不错的卖点。

操盘点睛

上涨趋势中突然放巨量，上攻无果收长上影线，要注意获利盘抛压。

心得感悟

60 宝鹰股份

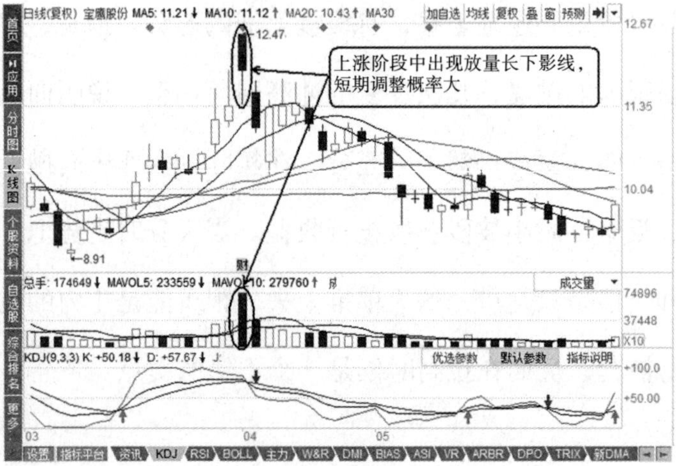
上涨阶段中出现放量长下影线，短期调整概率大

日K线图

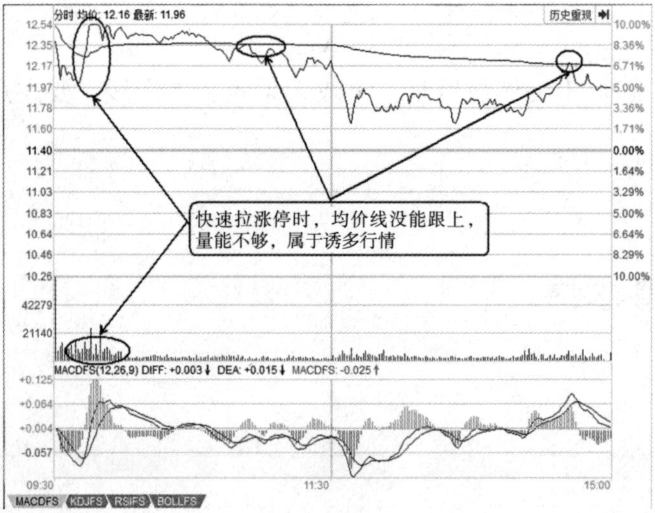
快速拉涨停时，均价线没能跟上，量能不够，属于诱多行情

分时图

操盘解析

在经过一段时间的上涨后，高位出现放量大阴线，这种形态是常见的短期见顶。在实战中，我们在面对这种高位高开低走的走势要保持冷静，在高开时不能盲目追高，避免被套。从当天的分时来看，在冲高之后未能够封死涨停，出现大的抛盘，当天较为弱势，买入需谨慎。

操盘点睛

当日分时图看，早盘冲高回落均线之下后就没站上均线，且量能不少，短期应先出来观望。

心得感悟

61 得润电子

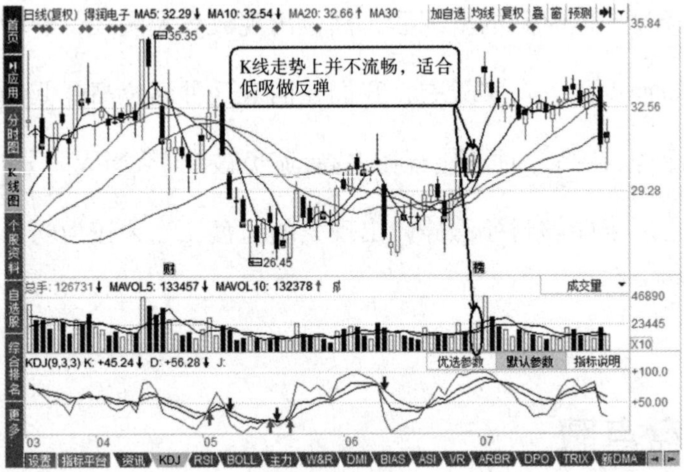
K线走势上并不流畅，适合低吸做反弹

日K线图

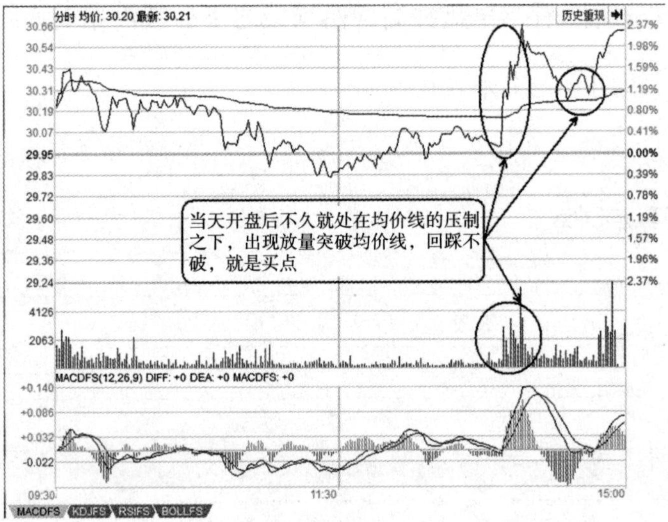
当天开盘后不久就处在均价线的压制之下，出现放量突破均价线，回踩不破，就是买点

分时图

操盘解析

在没有形成明确的趋势前，高抛低吸是短线操作的基本策略之一。从K线上看，该股在当前的位置没有形成上涨趋势，仍处于区间震荡中。在基本面没有重大改变之前，股价得到市场炒作的概率较小，当前短期MACD线均向上，短线或有较大的机会，但是在趋势不明朗时，低吸是很好的策略，在均线附近建仓是不错的选择。

操盘点睛

MACD在0轴附近金叉，前天收放量长上影线的阳线，当日尾盘放量突破黄色均线，回调不破均线就是买点。尾盘异动为消息提前泄露，操作难度较大。

心得感悟

62 雪莱特

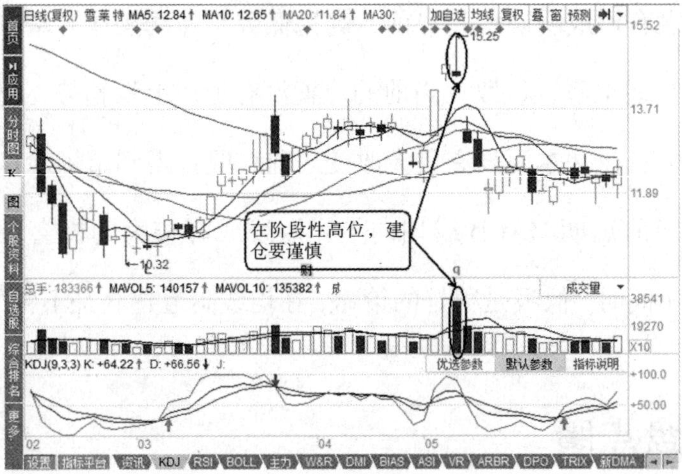

日K线图

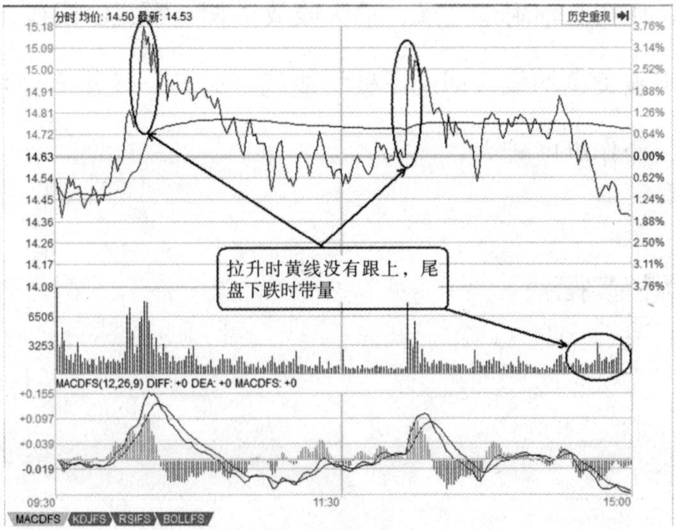

分时图

操盘解析

股价短期上涨过多时，我们要考虑获利了结，而不是追高买入。该股经过三天的大幅上涨，在高位收放量十字星，并且当天换手率很高，筹码充分换手，后市要继续上涨的可能性较小。当天的分时走势上，几次拉升黄线都没有跟上，这是诱多的盘面，阶段性顶部拉高出货的形态。

操盘点睛

连续两次跳空上涨，且高位收十字星放巨量没封涨停，分时图上，第二波上攻量能没超过第一波，且尾盘带量杀跌，阶段性高位。

心得感悟

63 东诚药业

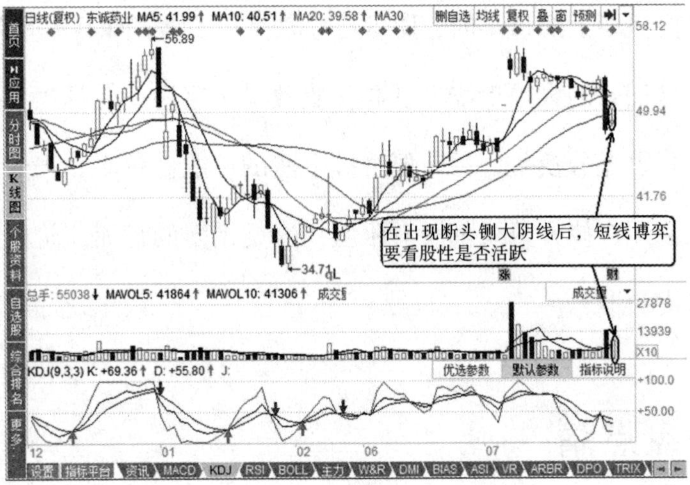
在出现断头铡大阴线后，短线博弈要看股性是否活跃

日K线图

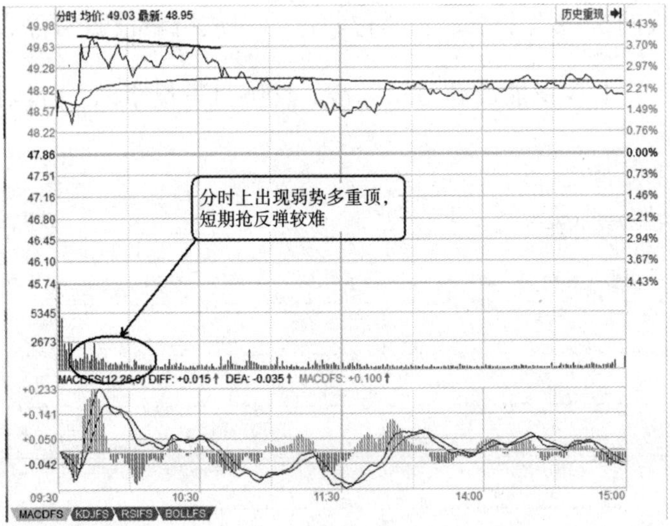
分时上出现弱势多重顶，短期抢反弹较难

分时图

操盘解析

高位出现的放量大阴线是需要谨慎对待的，这种大跌下来对走势的修复难度较大，均线上没能有效支撑，后市继续下跌的概率较大。该股短线下跌通道打开，以规避风险为主，趋势投资是投资的主线之一，把握好方向才能实现盈利。

操盘点睛

高位盘整出现放量断头大阴线，第二天没放量收复，分时线上早盘冲高回落，之后再没像样上攻，应果断离场。

心得感悟

64 蒙发利

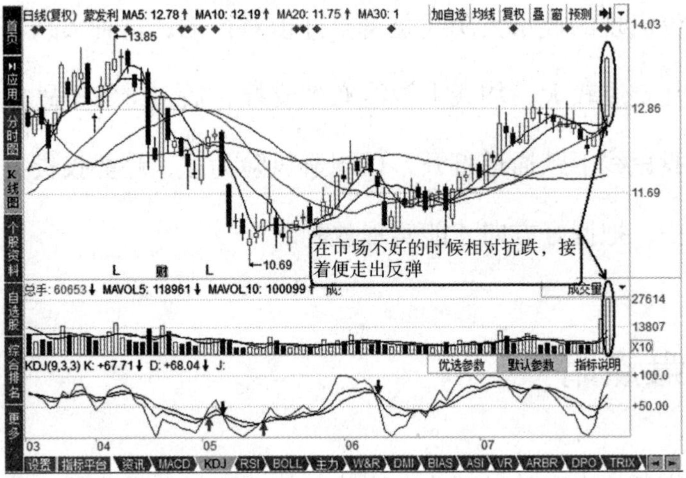
在市场不好的时候相对抗跌，接着便走出反弹

日K线图

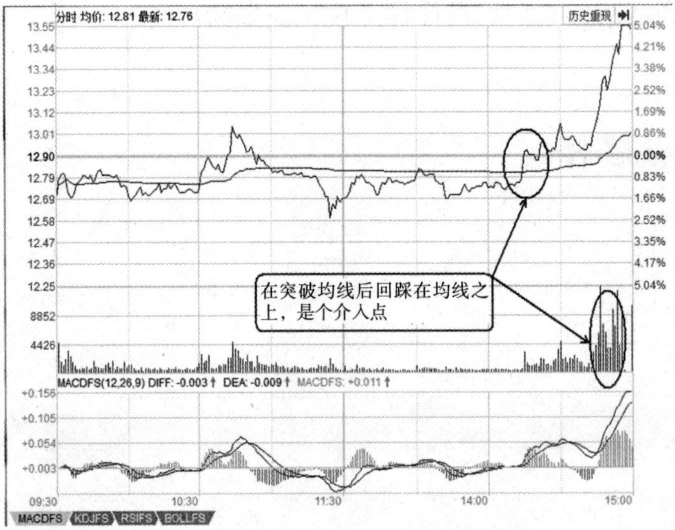
在突破均线后回踩在均线之上，是个介入点

分时图

操盘解析

个股在大盘环境不好的时候走出抗跌的行情，后市往往会走出独立行情，突破压力位后重新开启主升浪，这要求投资者有敏锐的观察力，挖掘逆势抗跌的牛股。该股在大盘大跌的时候保持强势，在站稳 20 日均线后充分蓄势，当天在尾盘强势放量拉升 5 个点，如果对其有较深入的研究，这时候是可以跟进的，在 20 日均线上便是很好的建仓点。

操盘点睛

前一天大盘大跌，个股尾盘放量急速拉升强于大盘，当天尾盘再次放量急速拉升，后期往往还有一波行情。

心得感悟

65 中泰桥梁

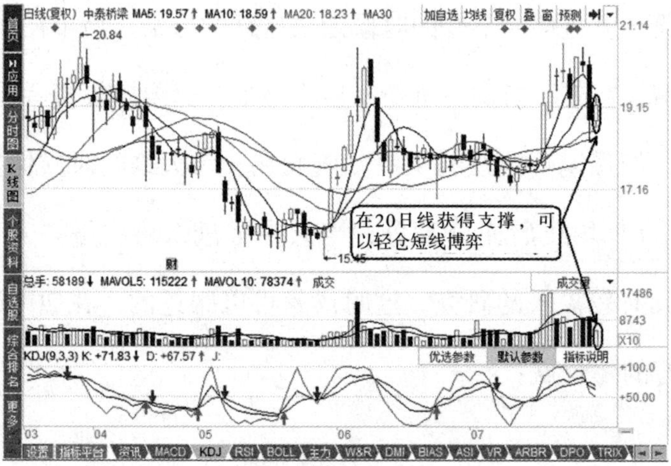
在20日线获得支撑，可以轻仓短线博弈

日K线图

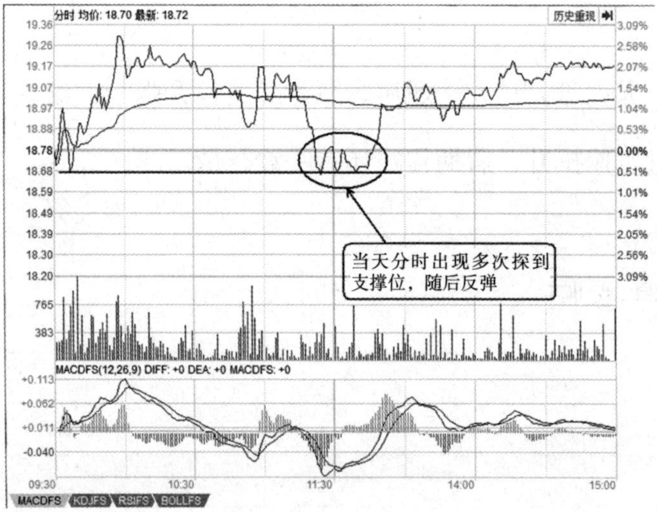
当天分时出现多次探到支撑位，随后反弹

分时图

操盘解析

股票实战中要有自己的逻辑与策略，深入了解一只股票的基本面及走势形态是正确决策的关键。在没有突破原来的振荡区间时，高抛低吸吃小波段是不错的选择，在上涨趋势确定的时候才加仓，顺势而为才容易成功。该股在第三次上攻高位时未能有效突破，如此很可能在原来的区间继续振荡，小波段的买入点没出现，短线做超跌小反弹是不错的选择。

操盘点睛

前一天出现放量断头大阴线，刚好回调到30日线，短期可以搏反弹，若没能放量收复失地，必须快进快出。

心得感悟

66 鸿达兴业

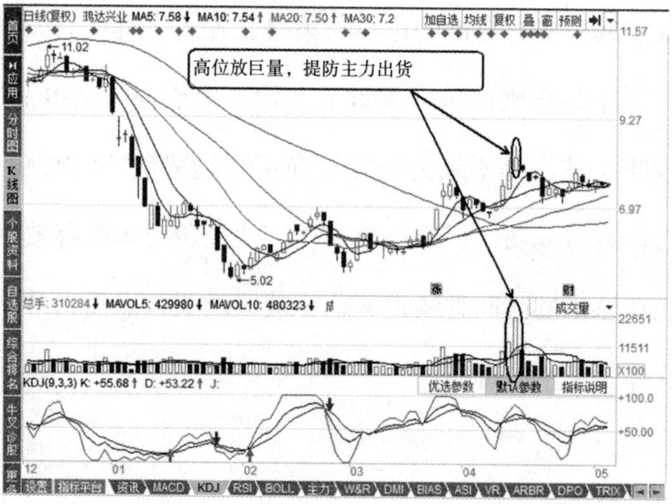
高位放巨量，提防主力出货

日K线图

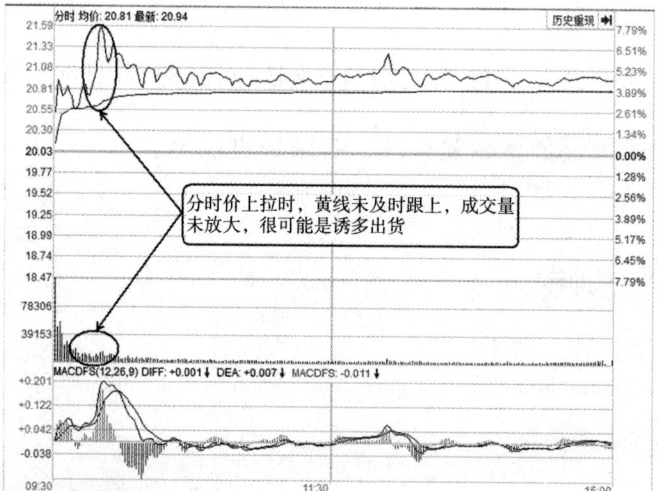
分时价上拉时，黄线未及时跟上，成交量未放大，很可能是诱多出货

分时图

操盘解析

在小波段相对高位时，我们需要的操作是减仓，看后市能否站稳并有效突破前期高点，此时短线追高会被动起来，进退两难。该股K线走势上较为流畅，但是前期的套牢盘较多，上涨压力较大，面对这种股票做小波段高抛低吸是不错的选择。从当天的分时上看，向上拉升时，黄线未能快速跟上，这很可能就是拉高出货。

操盘点睛

高位连续三天放量收长上影大阳线，当天分时线早盘上攻没带量，短期应减仓规避风险。

心得感悟

67 汉威电子

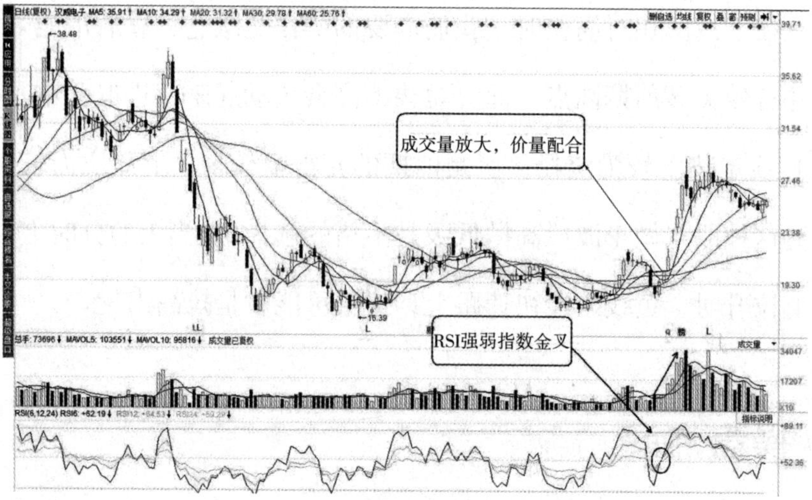
成交量放大，价量配合
RSI强弱指数金叉

日K线图

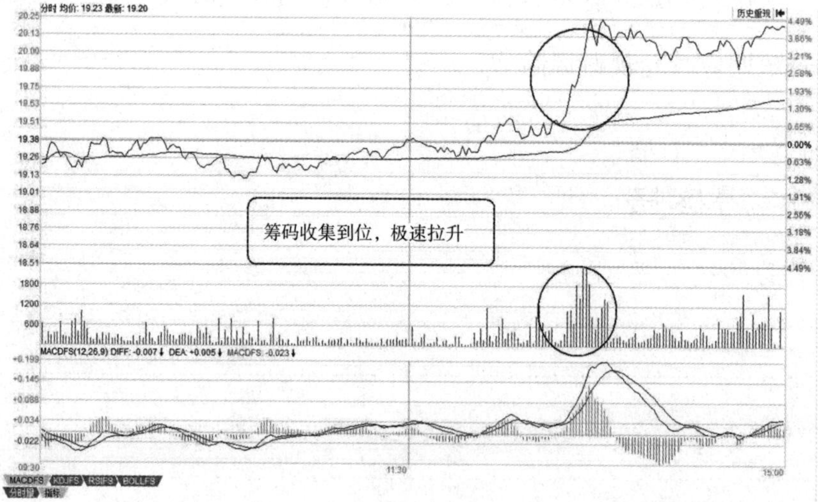
筹码收集到位，极速拉升

分时图

操盘解析

缩量洗盘结束的标志往往是成交量放大收大阳线，后市表现往往为突破上攻，第二波主升浪展开，此时突破需成交量配合，价量齐升是关键。

操盘点睛

MACD 在 0 轴附近金叉，放量收中阳线，分时图上午后出现带量上攻，尾盘再上攻一波，隔天再次放量阳线，更加确认行情已经启动。

心得感悟

68 雷曼股份

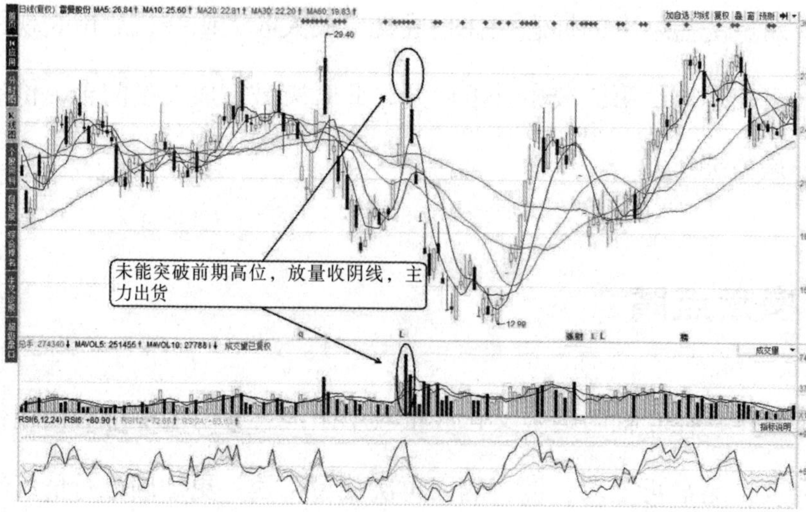
未能突破前期高位，放量收阴线，主力出货

日K线图

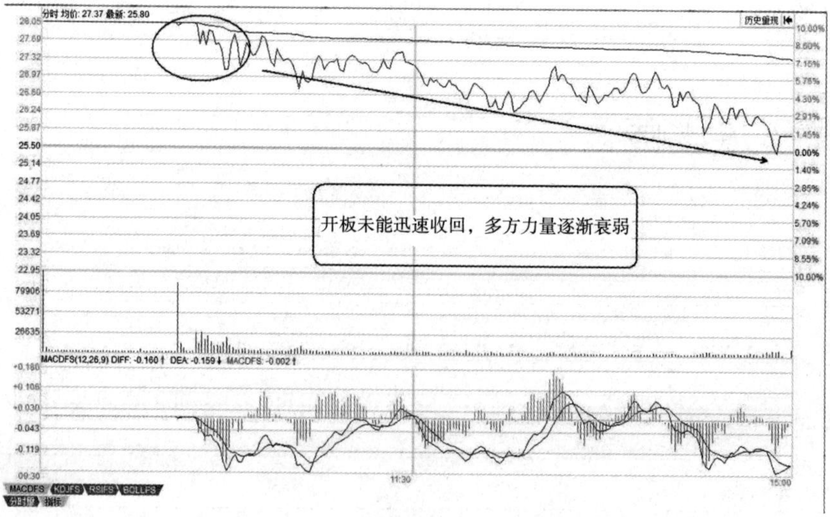
开板未能迅速收回，多方力量逐渐衰弱

分时图

操盘解析

通常赶顶的过程是加速突破，甚至直接封板，主力诱多开始砸盘，放巨量，此时应迅速抛掉筹码，一波行情宣布结束。该股短期大幅上涨，当天高开回落，卖盘涌现，此时应尽量规避风险。

操盘点睛

早盘封板，临近午盘给砸开，量能放大且未能迅速收回封板，多方力量已经衰竭，应离场观望。

心得感悟

69 银江股份（1）

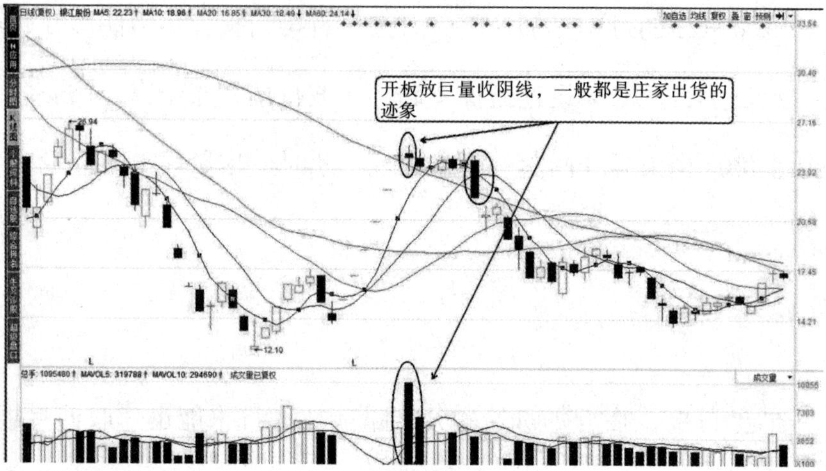
开板放巨量收阴线，一般都是庄家出货的迹象

日K线图

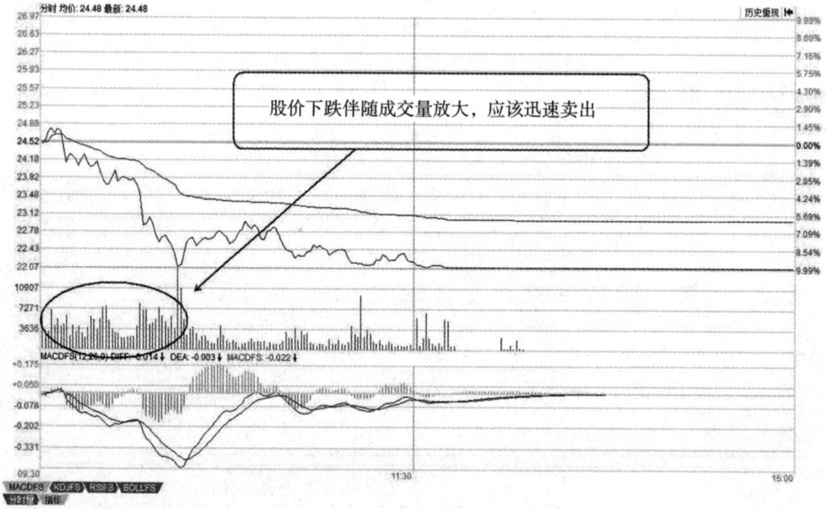
股价下跌伴随成交量放大，应该迅速卖出

分时图

操盘解析

复牌后的几个连续一字板，主力已经获利，因此开板且放天量是主力抛盘的迹象，此时切勿在高位接盘，观望为佳。

操盘点睛

复牌后开板放巨量一般都是庄家出货，之后高位震荡没放量上攻，就需要警惕断头大阴线。

心得感悟

70 唐德影视

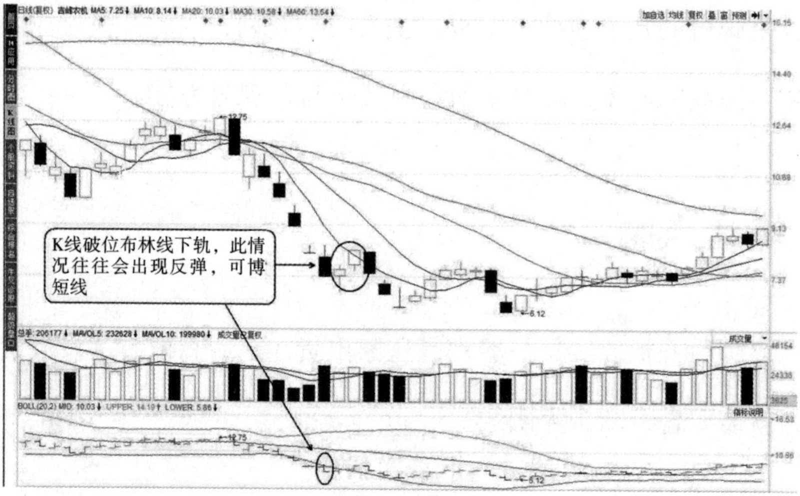
K线破位布林线下轨，此情况往往会出现反弹，可博短线

日K线图

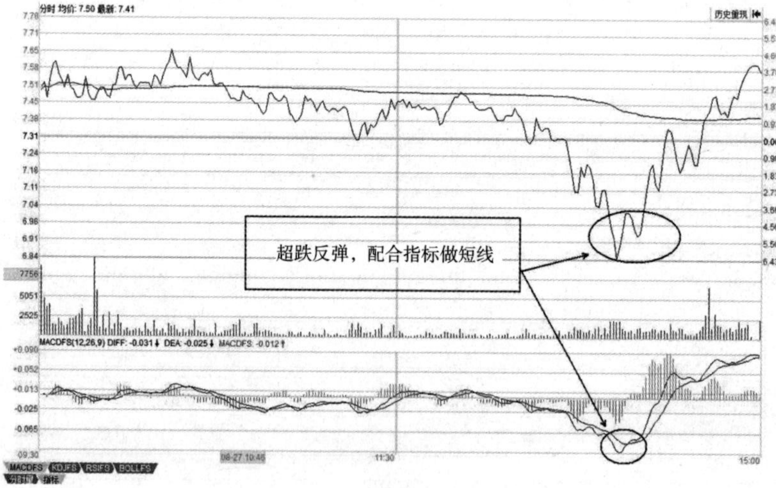
超跌反弹，配合指标做短线

分时图

操盘解析

在极速下跌行情中，往往有反弹机会。反弹可以结合技术指标，比如BOLL线的中轨和下轨，下轨具有很强的支撑性，一般跌穿后会有短暂的反弹需求，高手可以结合此指标和分时图进行超短线操作。

操盘点睛

K线破位布林线下轨，短期往往有反弹机会，结合分时图研判成功率更高。

心得感悟

71 宝德股份

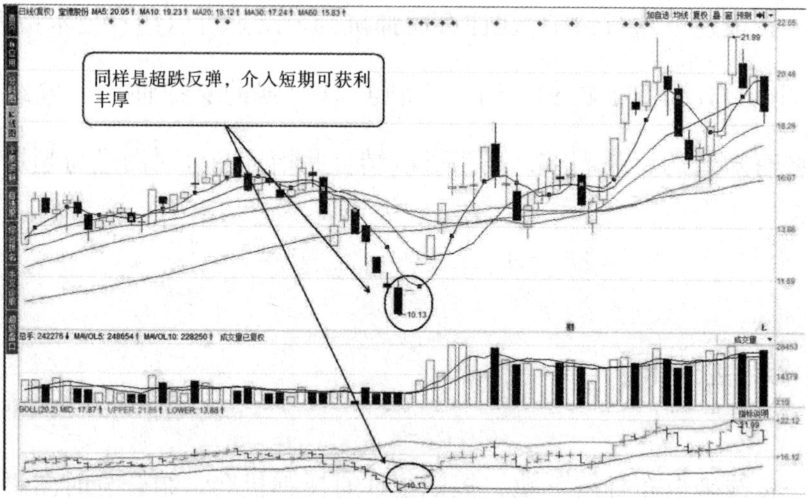
同样是超跌反弹，介入短期可获利丰厚
10.13
21.99

日K线图

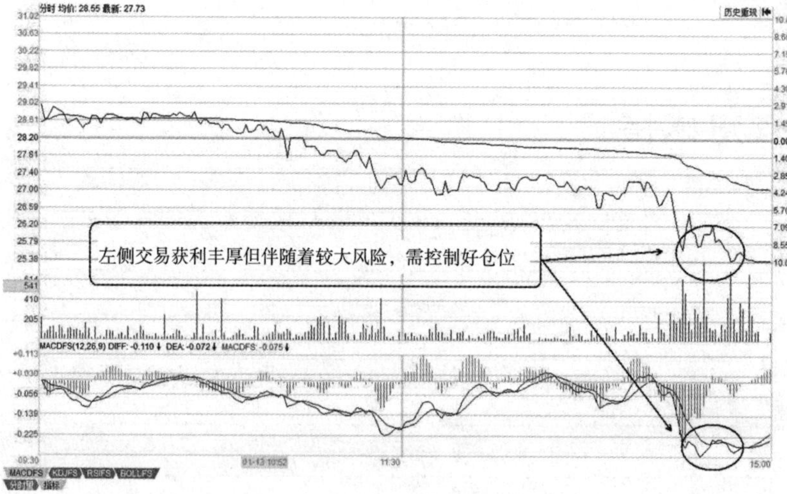
左侧交易获利丰厚但伴随着较大风险，需控制好仓位

分时图

操盘解析

市场每天都在进行资金博弈和心理博弈，在恐慌性加速下跌的过程应保持清醒独立判断，或许在你觉得最想卖出的时候其实就是最好的买入机会。超跌后地量地价，表明空方衰竭，多方可能展开猛烈反攻。

操盘点睛

超跌反弹，触及 BOLL 指标下轨线，分时图尾盘恐慌性带量杀跌，控制好仓位短线参与，容易获利丰厚。

心得感悟

72 安利股份

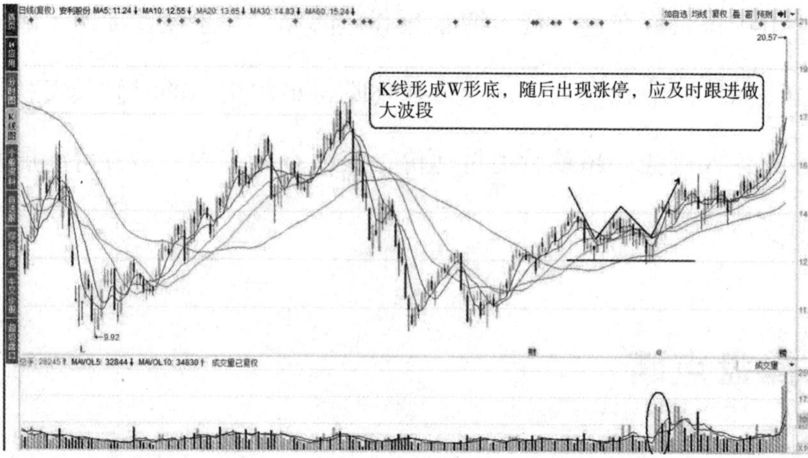
K线形成W形底，随后出现涨停，应及时跟进做大波段

日K线图

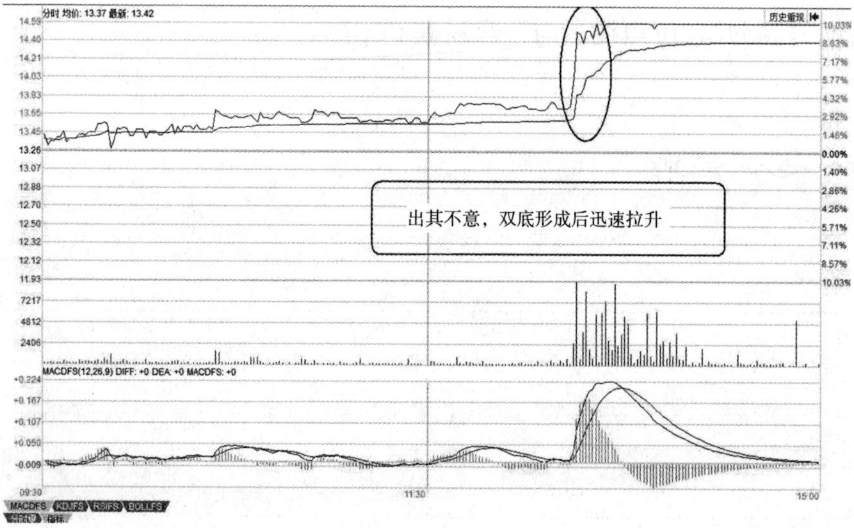
出其不意，双底形成后迅速拉升

分时图

操盘解析

K线形态中的W底具有很重要的实战意义，它显示多空交手并两次确认底部后，多方占优势并加速反攻，形成上升浪。双底出现涨停板往往是很好的买点，后市通常会走出一波不错的主升浪。

操盘点睛

多头均线排列，MACD在0轴之上，放量涨停突破前期高位，短线值得介入。分时图上，午后突然放量涨停，涨停价即是买点。

心得感悟

73 安控科技

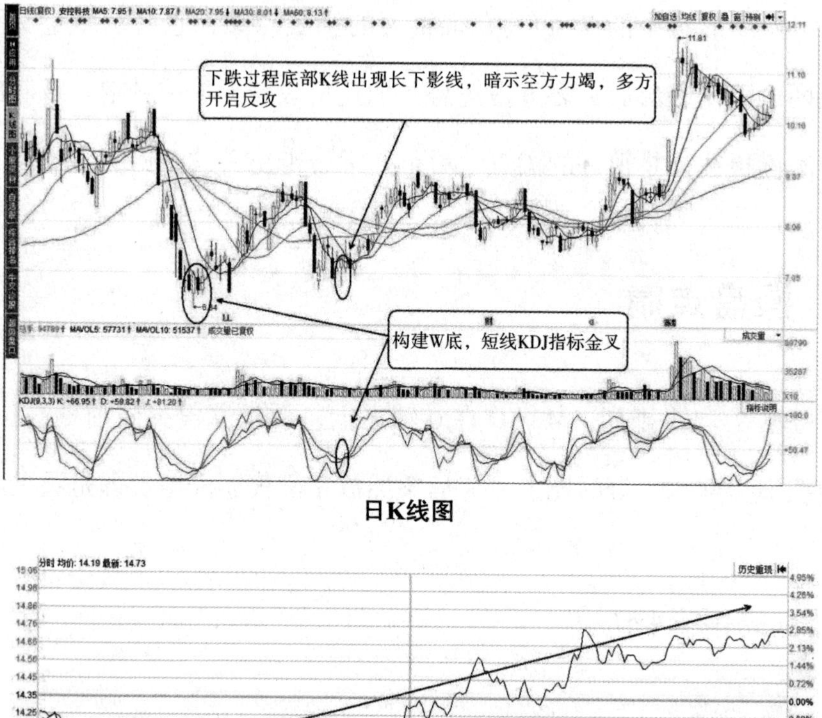
下跌过程底部K线出现长下影线，暗示空方力竭，多方开启反攻
构建W底，短线KDJ指标金叉

日K线图

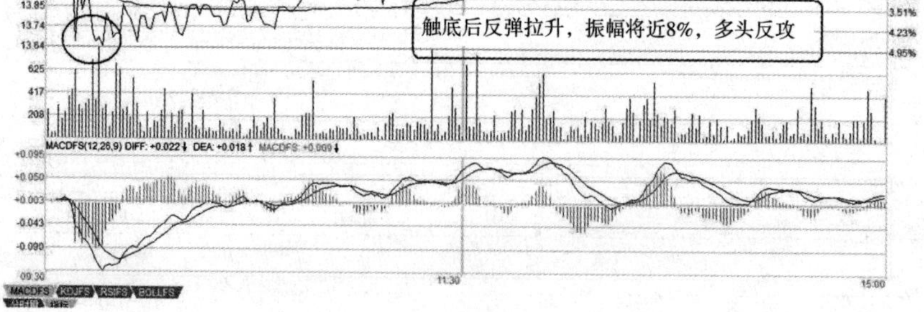
触底后反弹拉升，振幅将近8%，多头反攻

分时图

操盘解析

探底后迅速拉回，收盘收长下影线，且底部重心与前期相比抬高，短线指标 KDJ 出现金叉，此时是一个极好的买点，很可能将结束调整进入反弹阶段，能吃到这种波段收益也很可观。

操盘点睛

低点重心上移收长下影线，与前面低点的长下影线遥相呼应。分时图上，低开后慢慢放量上涨，属于比较健康的走势，空方力量衰竭，多头开始发力。

心得感悟

74 朗源股份

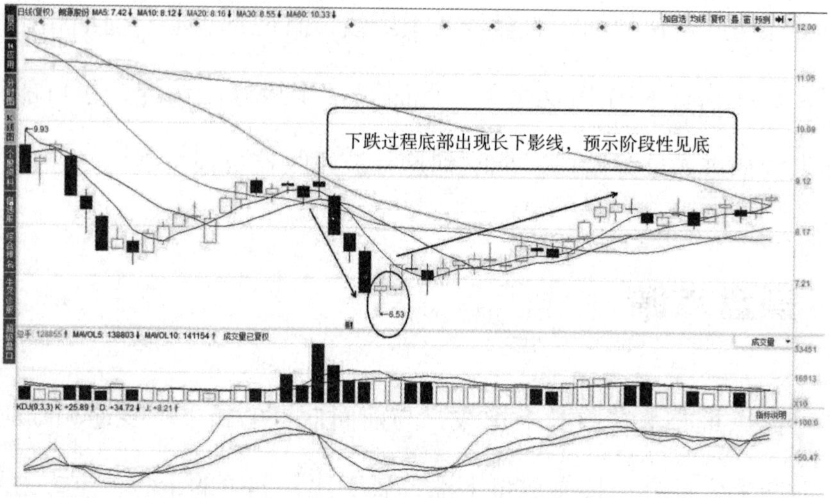
下跌过程底部出现长下影线，预示阶段性见底

日K线图

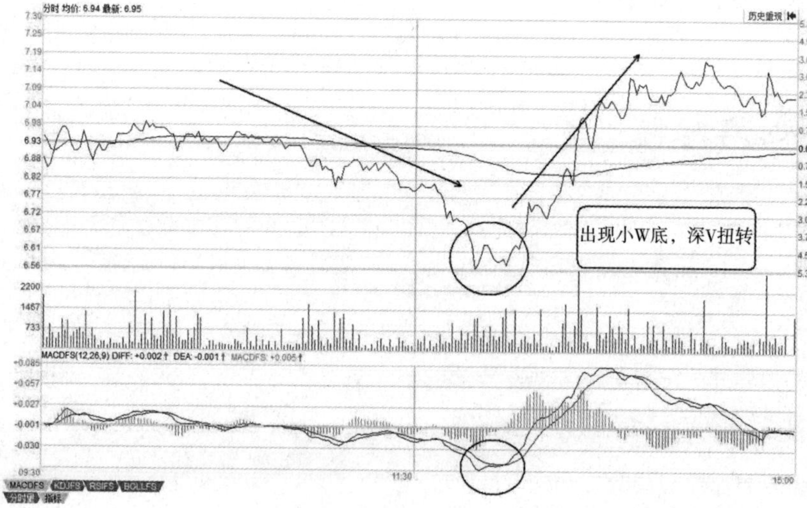
出现小W底，深V扭转

分时图

操盘解析

大跌后，一般短线反弹操作需要配合分时图指标，切勿开盘即杀入，要确认反弹趋势打开后介入才能将风险降到最低。盘中分时图出现小 W 底，配合 MACD 拒绝死叉，反攻开始，应果断介入。

操盘点睛

快速下跌过程中出现长下影 K 线，往往是阶段性底部。分时图看，快速杀跌后放量反弹，风险充分释放，后期值得参与。

心得感悟

75 聚龙股份

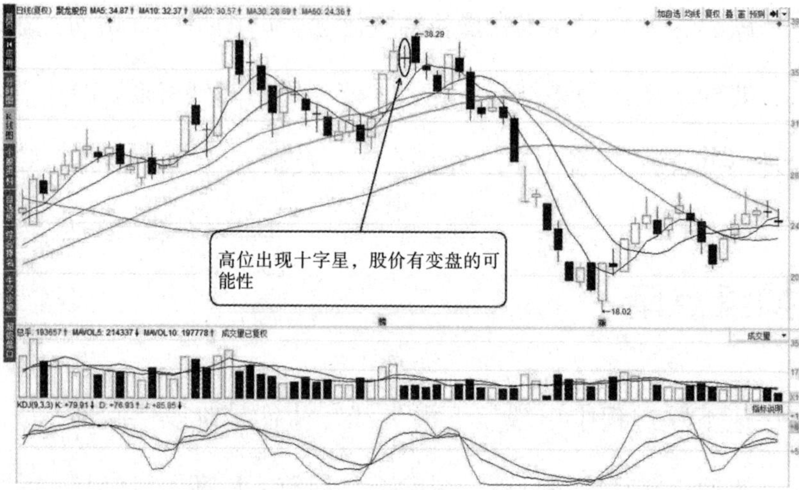
高位出现十字星，股价有变盘的可能性

日K线图

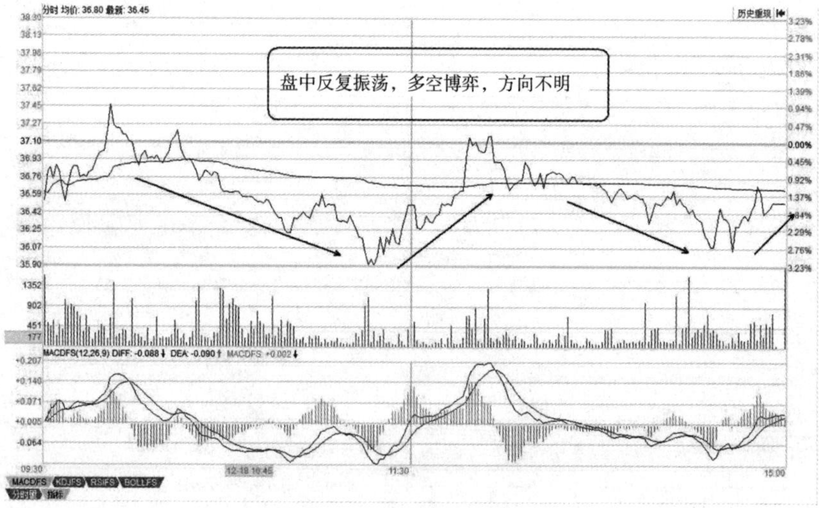
盘中反复振荡，多空博弈，方向不明

分时图

操盘解析

阶段性高、低位置出现十字星 K 线，有变盘的可能性，都需要引起我们的重视。盘中震荡，多空博弈，说明筹码不稳定，方向不明，若在高位，空方可能砸盘；若在低位，多方可能发起反攻。

操盘点睛

阶段高位附近出现缩量十字星，存在变盘可能。分时图看，盘面筹码有点松散，方向不明，短期应减仓出来观望。

心得感悟

76 九强生物

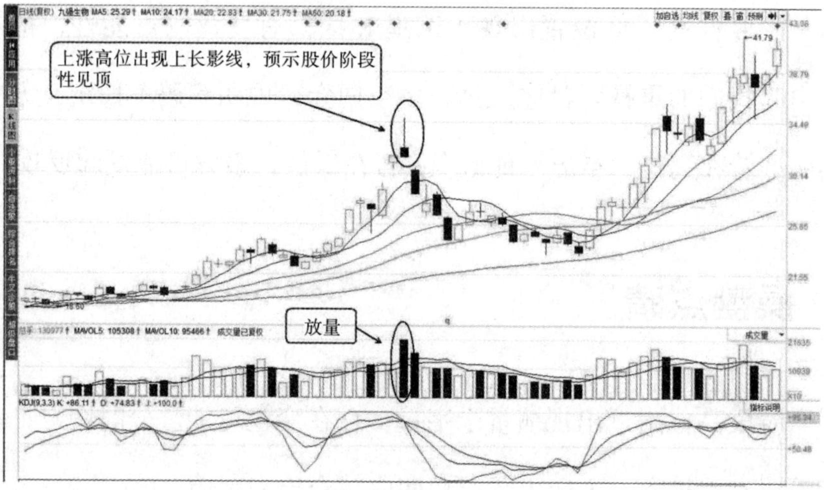
上涨高位出现上长影线，预示股价阶段性见顶
放量

日K线图

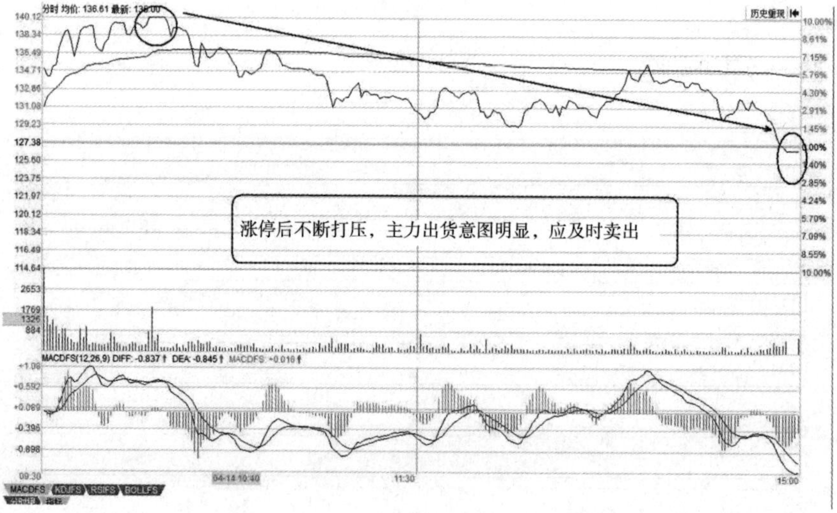
涨停后不断打压，主力出货意图明显，应及时卖出

分时图

操盘解析

阶段性高位出现跳空上涨，往往有加速赶顶迹象，形成回补缺口需求。盘中涨停板未能持续，加速回落，成交量放大，实为主力出货的征兆，及时卖出保证前期收益是关键。

操盘点睛

跳空后放巨量冲击涨停并回落，尾盘放量杀跌，出货意图明显，短期应离场观望。

心得感悟

77 中文在线

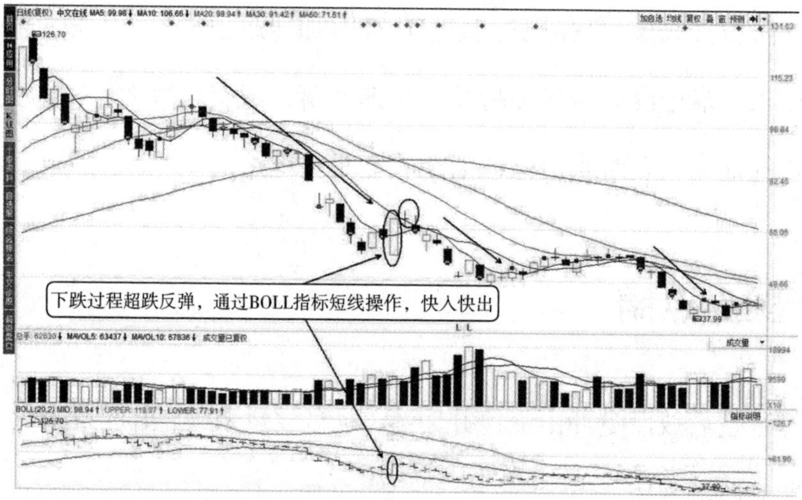
下跌过程超跌反弹，通过BOLL指标短线操作，快入快出

日K线图

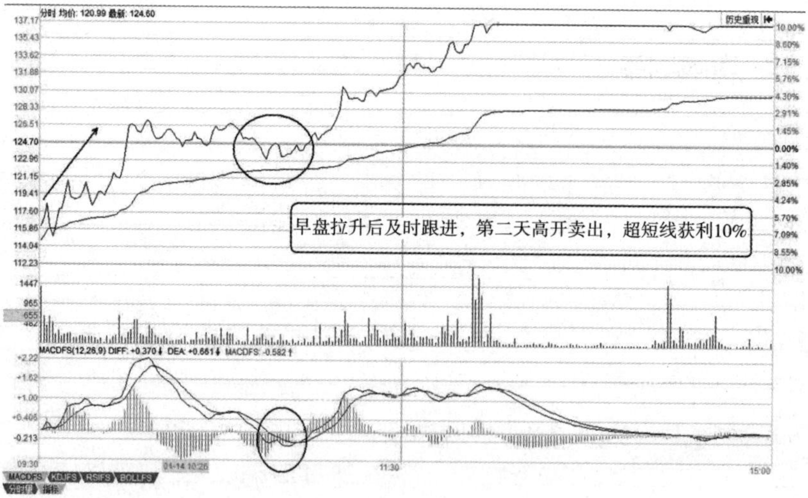
早盘拉升后及时跟进，第二天高开卖出，超短线获利10%

分时图

操盘解析

在明显的下跌趋势中，没有出现确定性的反转信号，都应警惕持续下跌的风险，但若能抓一下反弹机会，也有不错的收益。关键是要结合技术指标，同时切勿恋战，快进快出保证收益，这是与波动操作的最大区别。

操盘点睛

分时图看，早盘快速拉升后，MACD 在 0 轴附近金叉就是比较好的买入点。

心得感悟

78 恒华科技

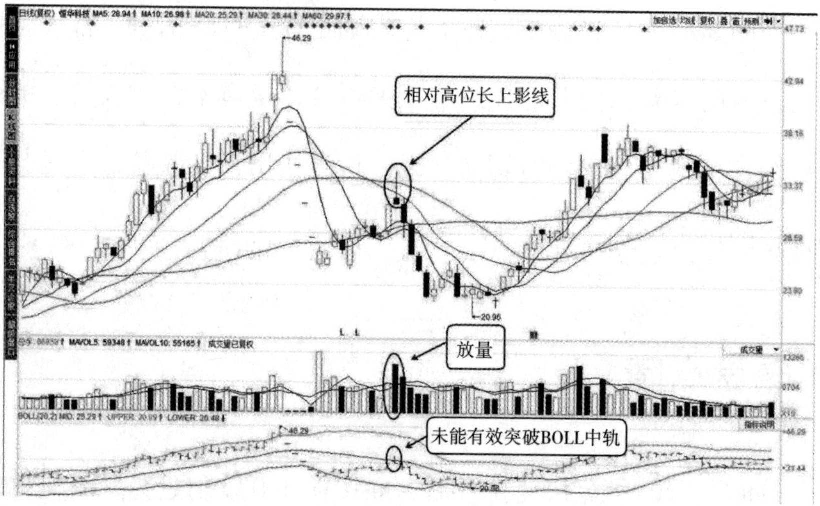
相对高位长上影线
放量
未能有效突破BOLL中轨

日K线图

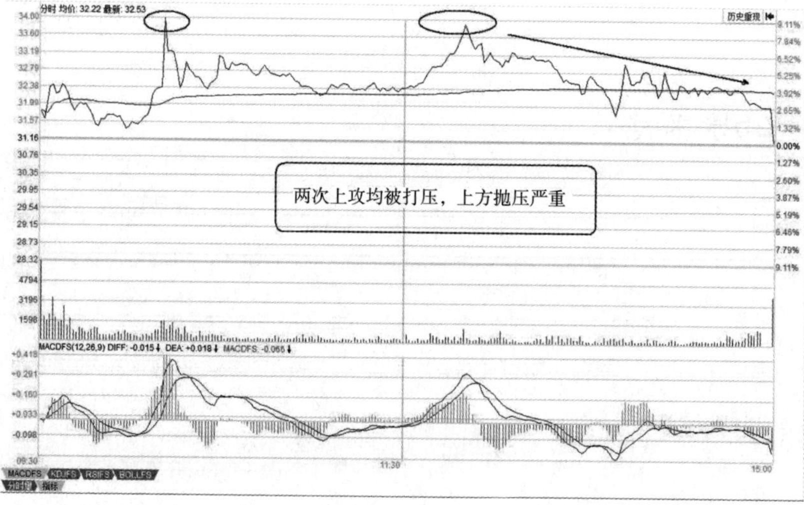
两次上攻均被打压，上方抛压严重

分时图

操盘解析

BOLL 线不仅有支撑位的作用，同时也有阻力位的功能。在反弹行情中，BOLL 线中轨即是反弹的阻力位，若 K 线能成功突破且站稳，那么持续上升的可能性非常大，反之，反弹行情结束，股价继续下跌。

操盘点睛

复牌补跌后，MACD 被打到 0 轴比较低的位置，空头力量比较强大。在相对高位放巨量收长上影线，且 MACD 在 0 轴以下，分时图上两次上攻未果，尾盘带量杀跌，短期应减仓回避。

心得感悟

79 中航电测

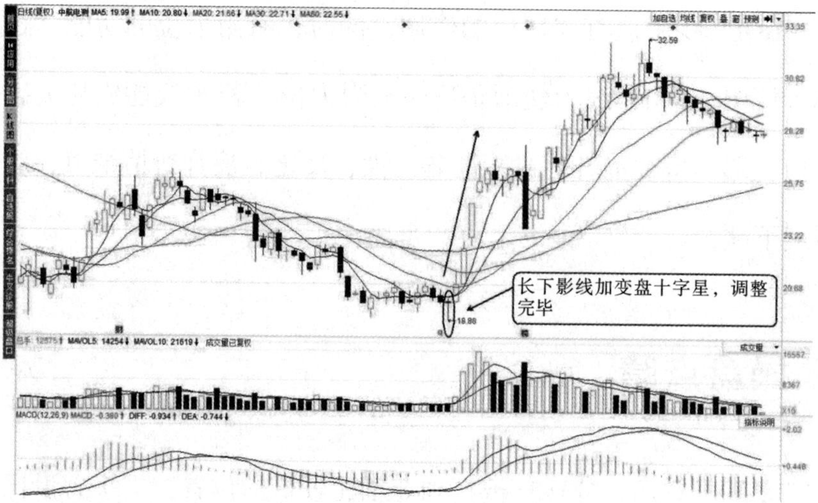
长下影线加变盘十字星，调整完毕

日K线图

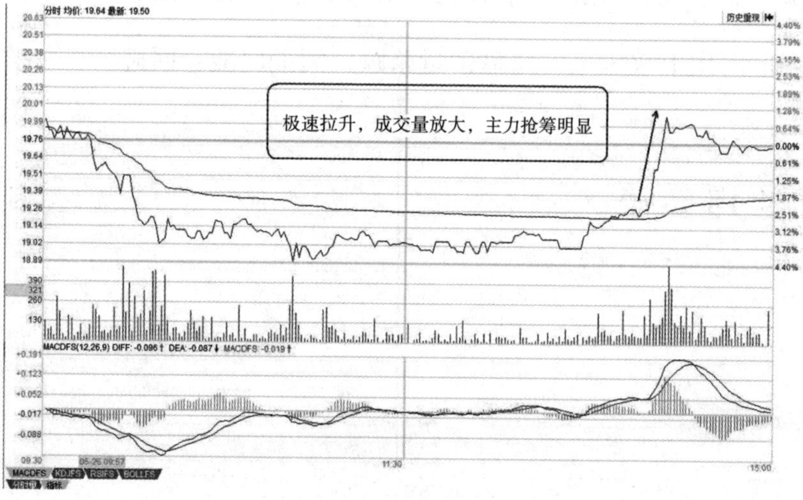
极速拉升，成交量放大，主力抢筹明显

分时图

操盘解析

底部整理阶段，股价盘中创新低后迅速反拉收回且站稳，说明空方衰竭，主力吸筹结束开始拉升，后市可期。

操盘点睛

K 线放量收出“金针探底”，分时图上带量快速上攻，且尾盘稳住，第二天收出带量长上影大阳线，更确定上涨信号。放量大阳线就是加仓点。

心得感悟

80 银江股份（2）

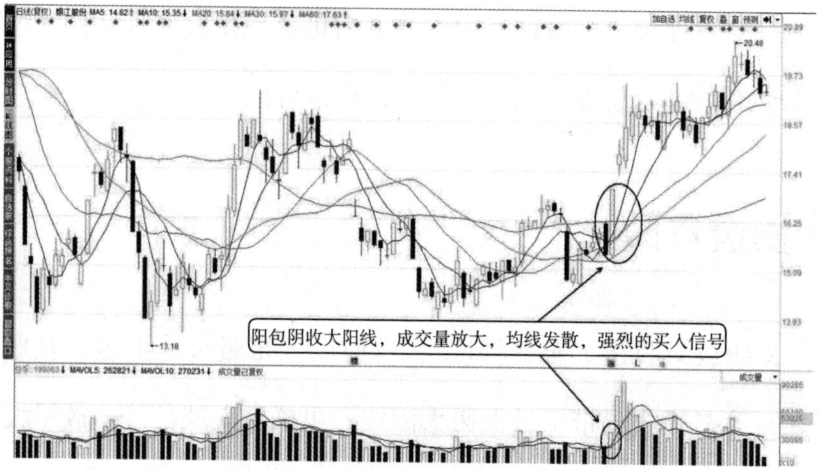
阳包阴收大阳线，成交量放大，均线发散，强烈的买入信号

日K线图

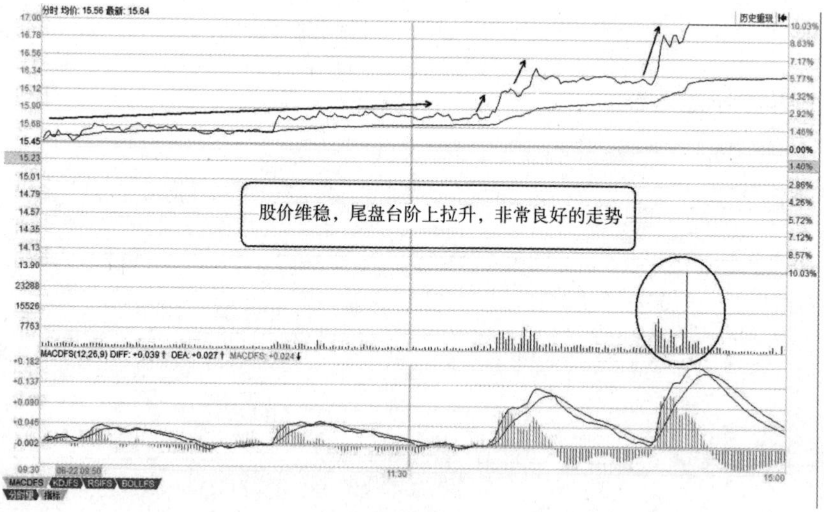
股价维稳，尾盘台阶上拉升，非常良好的走势

分时图

操盘解析

台阶式上涨，往往显示股价筹码稳定，主力控盘实力雄厚，每一波的拉升都伴随成交量的放大，价量齐升收大阳线，且完全包住了前期阴线，做多情绪突出，果断介入吃大波段。

操盘点睛

MACD 在 0 轴附近金叉，K 线形态出现放量阳包阴形态，强烈的看涨信号。当日分时图看，每一波重心不断抬高，非常健康的走势，若当天涨停没买到，隔天跳空高开也是买入好时机。

心得感悟

81 宝德股份

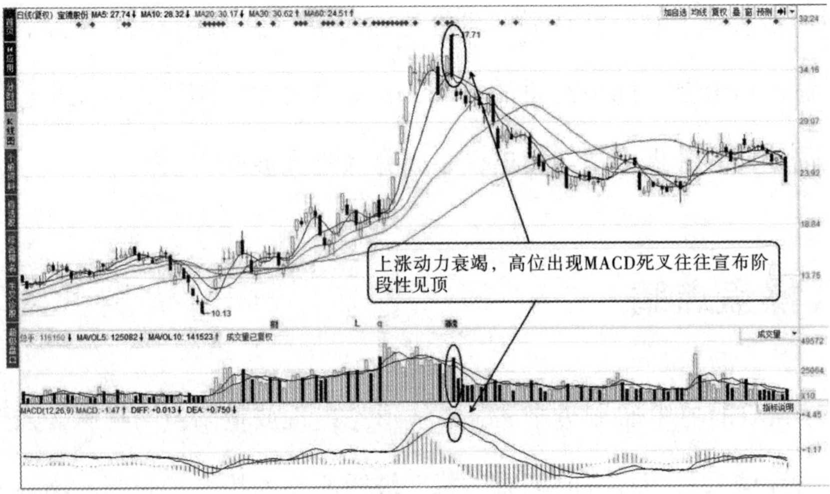
上涨动力衰竭，高位出现MACD死叉往往宣布阶段性见顶

日K线图

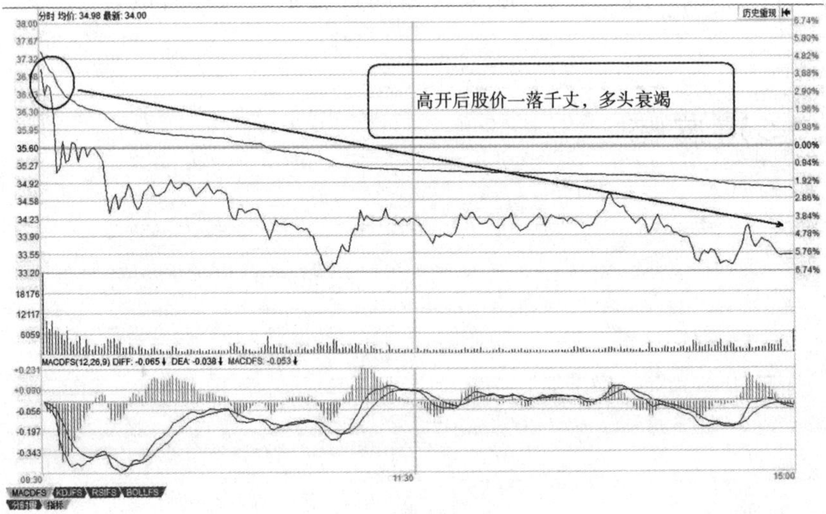
高开后股价一落千丈，多头衰竭

分时图

操盘解析

阶段性高位，MACD 线出现死叉，有见顶征兆。主力打压出货，投资者应果断卖出手上筹码，避免进一步回撤。

操盘点睛

高开后不计成本杀跌，且股价处于高位，明显的出货行情。

心得感悟

82 红日医药

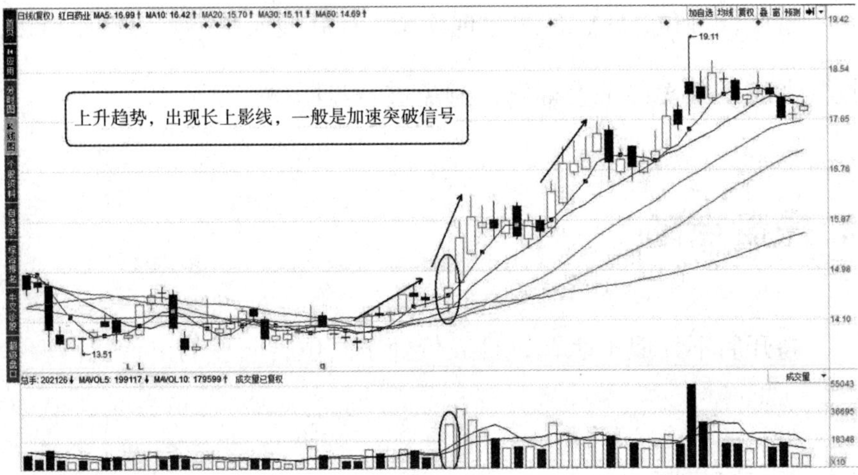
上升趋势，出现长上影线，一般是加速突破信号
19.11
13.51

日K线图

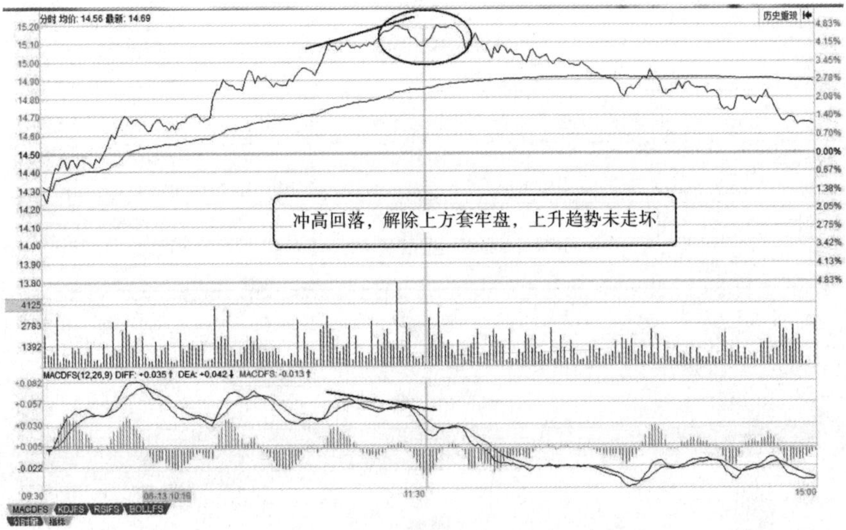
冲高回落，解除上方套牢盘，上升趋势未走坏

分时图

操盘解析

在上涨途中，需要特别注意量能的变化。盘中出现长上影线，且成交量放大，换手率高，具有突破的征兆。持股观察，若次日量能跟上且上涨，可加仓吃大波段。

操盘点睛

这种分时走势总体还算正常，逐级上涨，逐波放量，且分时均线持续走高，说明成交质量高。下午股价虽缓慢下跌，但成交量比上午小，可暂时持股观察。

心得感悟

83 洲明科技

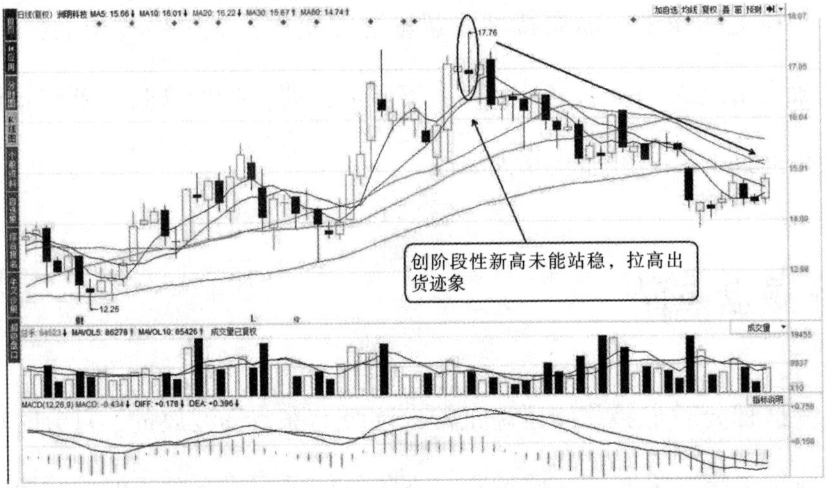
创阶段性新高未能站稳，拉高出货迹象

日K线图

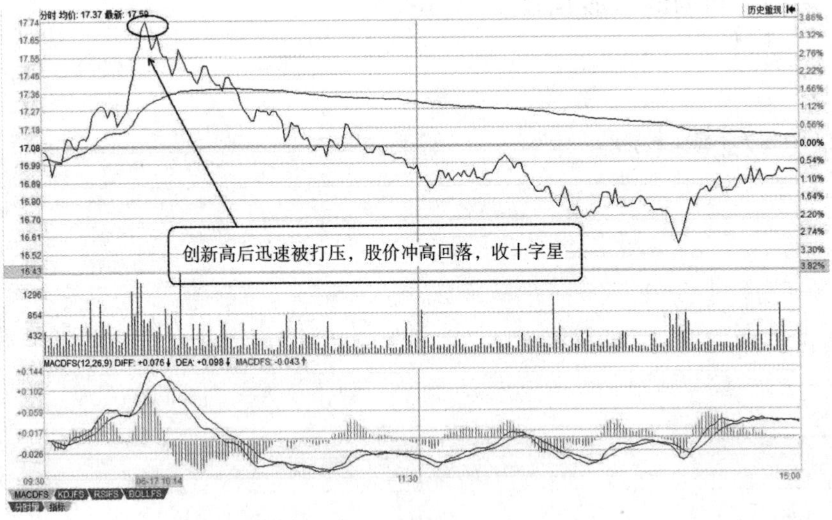
创新高后迅速被打压，股价冲高回落，收十字星

分时图

操盘解析

创新高后，成交量相比前期高位没有放大，形成价量背离，早盘迅速拉高有诱多迹象。阶段性高位需关注分时图走势，拉高后未能站稳即开始下滑，一旦破均线，需及时卖出锁定利润。

操盘点睛

股价创新高，但是成交量没有较前段时间放大，随后迅速下跌，至少短线应看空。

心得感悟

84 顺网科技

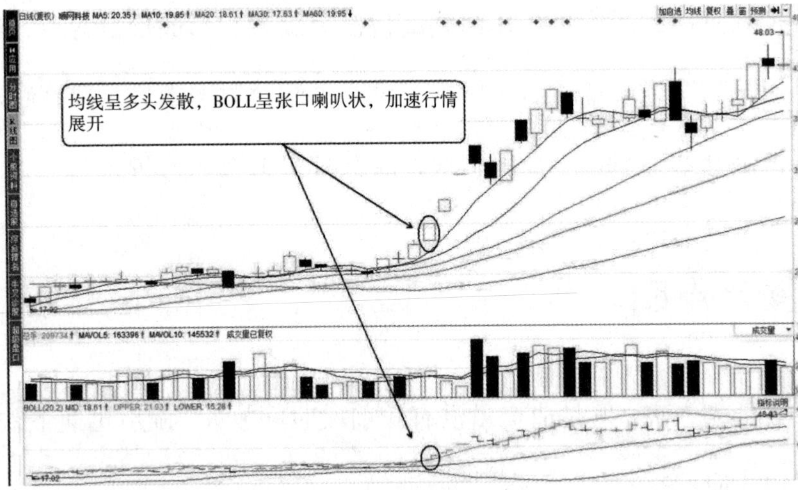
均线呈多头发散，BOLL呈张口喇叭状，加速行情展开

日K线图

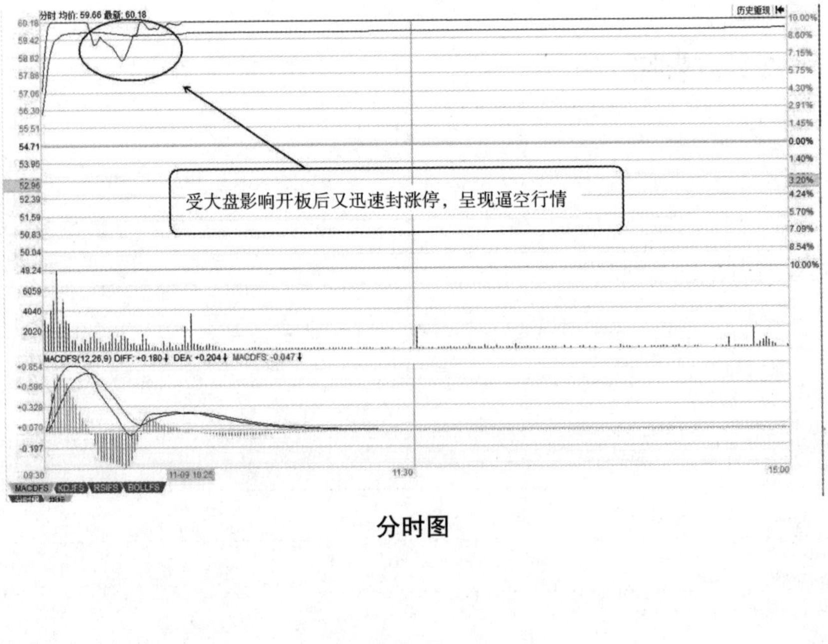
受大盘影响开板后又迅速封涨停，呈现逼空行情

分时图

操盘解析

底部位置出现涨停板，观察 BOLL 线，有呈张口喇叭趋势，同时均线呈多头发散形态，上涨行情打开。分时图早盘瞬间涨停可见主力做多的动能，中间受大盘影响开板这是极好的跟进信号，一旦大盘反弹，个股将继续上演逼空行情。

操盘点睛

早盘瞬间封板，不久开板，一是受大盘高位获利盘涌出影响，二是为了让成交量充分换手，这样才能更好地拉升。

心得感悟

85 坚瑞消防

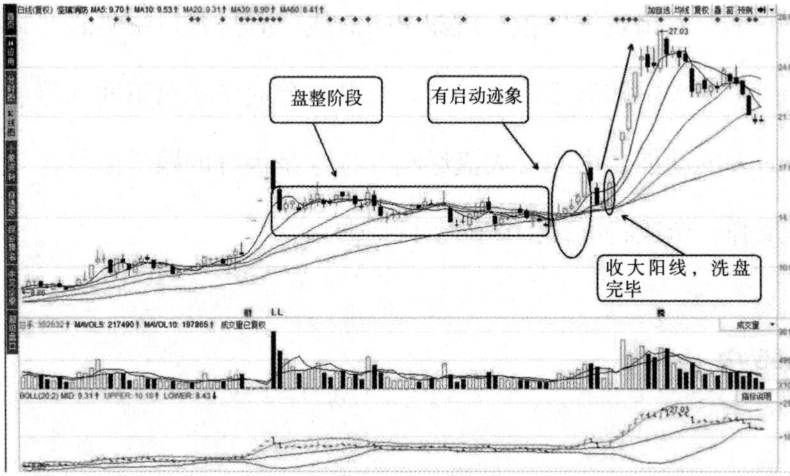
盘整阶段
有启动迹象
收大阳线，洗盘完毕

日K线图

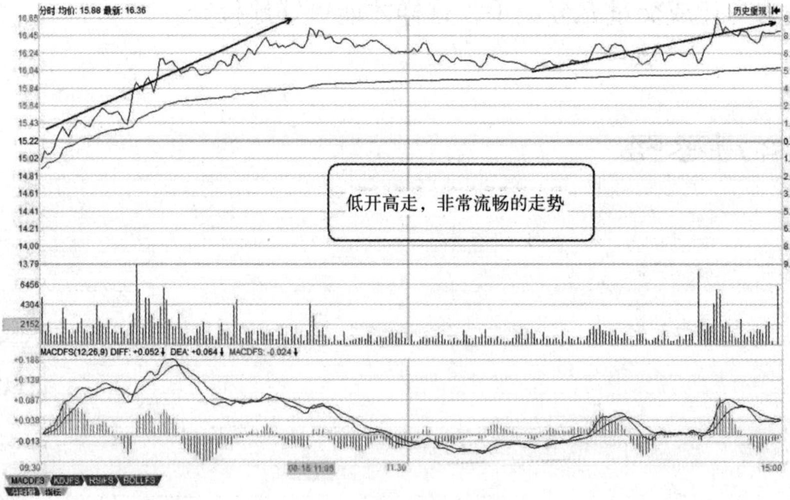
低开高走，非常流畅的走势

分时图

操盘解析

经过长时间的盘整后成交量已见地量，此时跌无可跌，接着5连阳，预示个股有启动迹象，两根阴线最后洗盘后开启第二波主升浪。

操盘点睛

量价配合，强势拉升，调整缩量，相当健康的走势。

心得感悟

86 锐奇股份

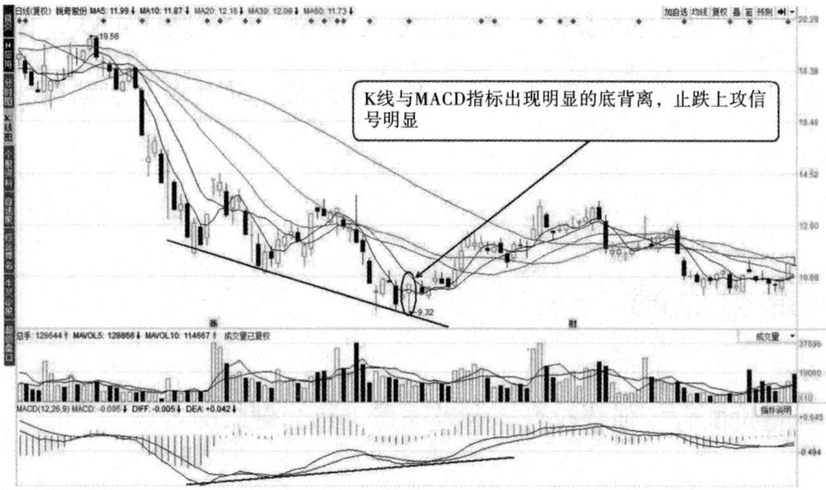
K线与MACD指标出现明显的底背离，止跌上攻信号明显
19.58
9.32

日K线图

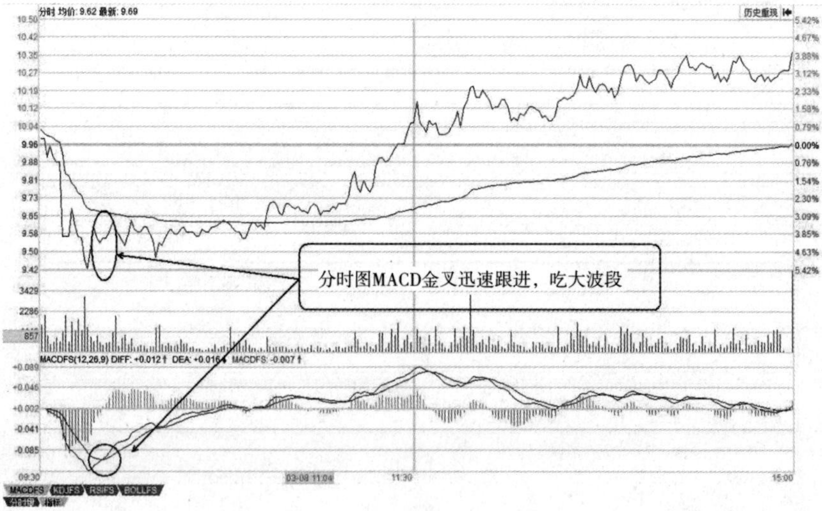
分时图MACD金叉迅速跟进，吃大波段

分时图

操盘解析

经过三波下跌后，K线底部不断创新低，然而MACD线底部却不断抬高，出现明显的“底背离”形态，暗示股价下跌动能不足，即将迎来反弹或反转。此时介入风险相对较低，对宏观趋势把握不准的投资者可短线参与。

操盘点睛

这种一般是底部吸筹手法。从位置选择来看，成本较低，但从介入时点来看未必适合，因为主力吸筹后还有一系列工作要做，主升浪一时是无法出现的。

心得感悟

87 惠伦晶体

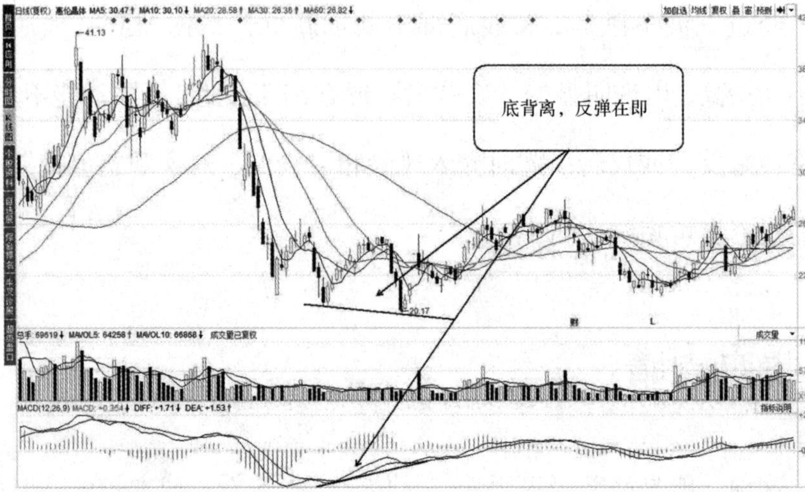

日K线图

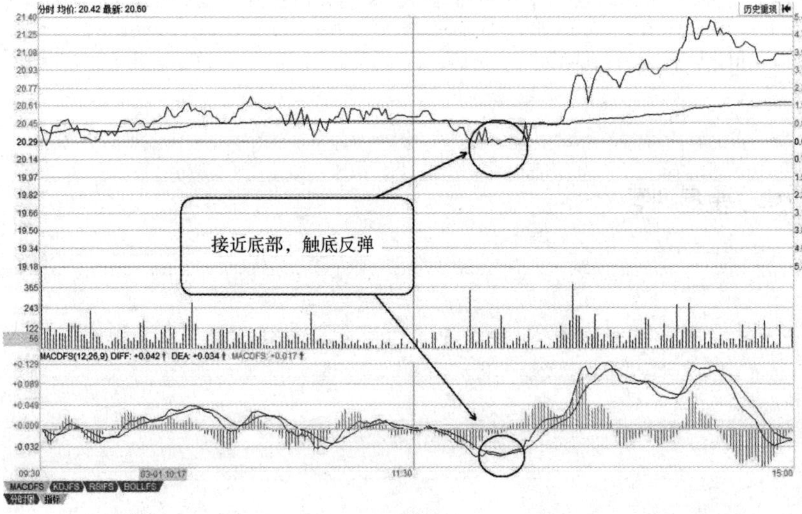

分时图

操盘解析

K 线出现“底背离”形态的个股都应特别留意分时图走势，一旦出现急速拉升，可能就是反弹的开始，迅速跟进做多是关键。

操盘点睛

触底反弹，成交量并没有明显放大，盘中正常脉冲，只能初步判断为抄底资金少量进场。可少量仓位参与，也可等信号进一步明确后进入。

心得感悟

88 量子高科

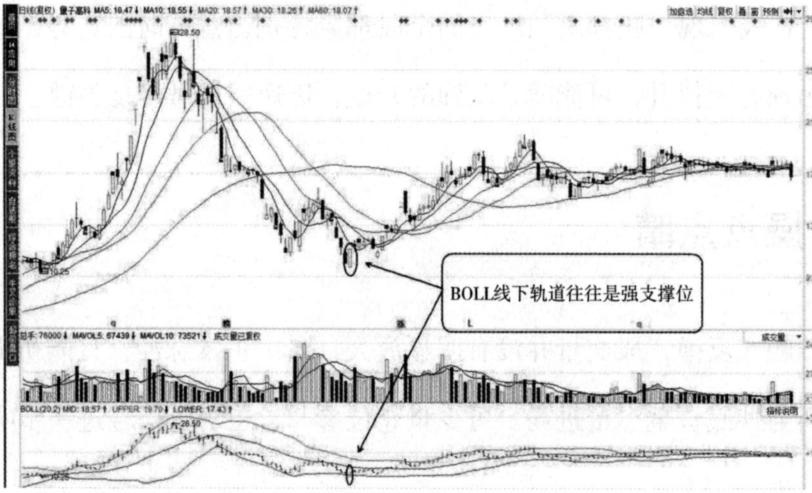
BOLL线下轨道往往是强支撑位

日K线图

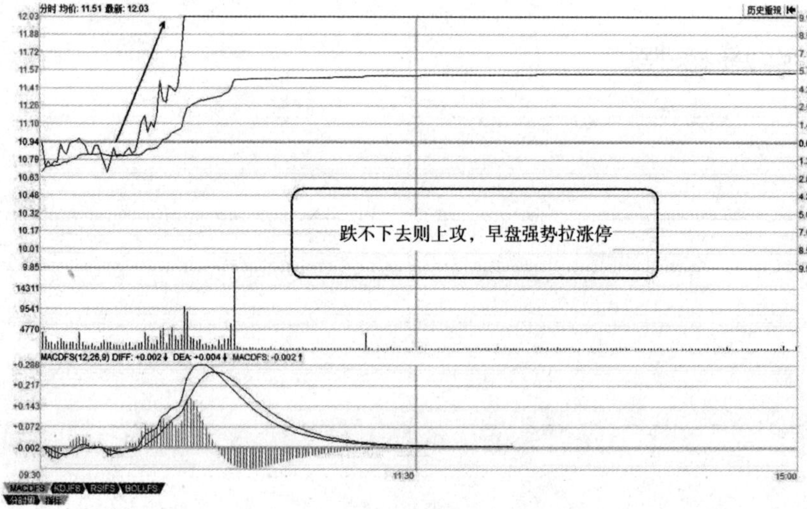
跌不下去则上攻，早盘强势拉涨停

分时图

操盘解析

急跌过程中，K 线触及 BOLL 中轨，会有一个较强的支撑位，若触及 BOLL 下轨道，则是强支撑位，此时往往会出现反弹甚至反转行情。结合分时图来看，早盘股价迅速拉涨停，且配合大成交量，说明主力资金进场，后市可期。

操盘点睛

放量急速拉升至涨停，出现在底部一般是资金拔高吸筹所为。

心得感悟

89 天海防务

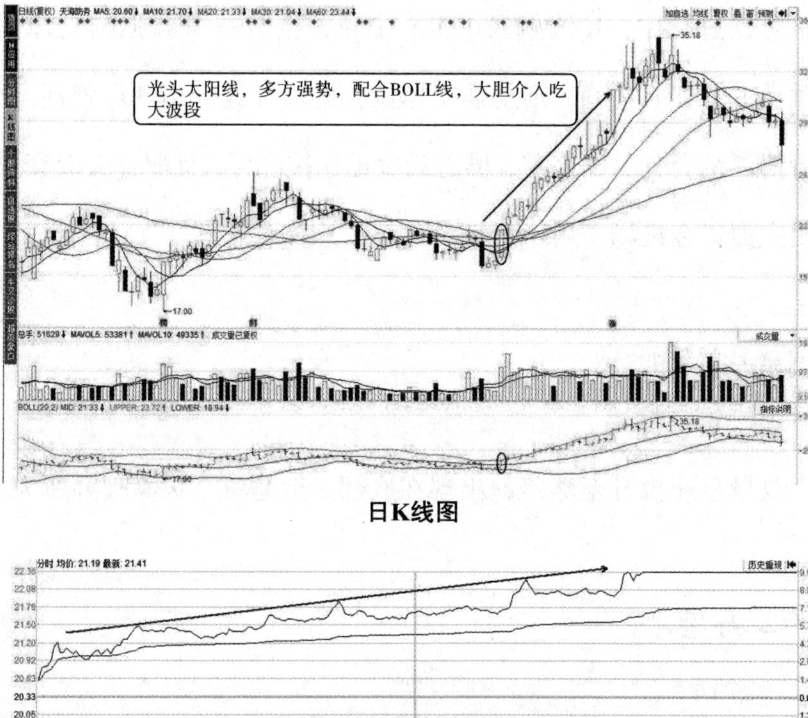
光头大阳线，多方强势，配合BOLL线，大胆介入吃大波段
35.18
17.00

日K线图

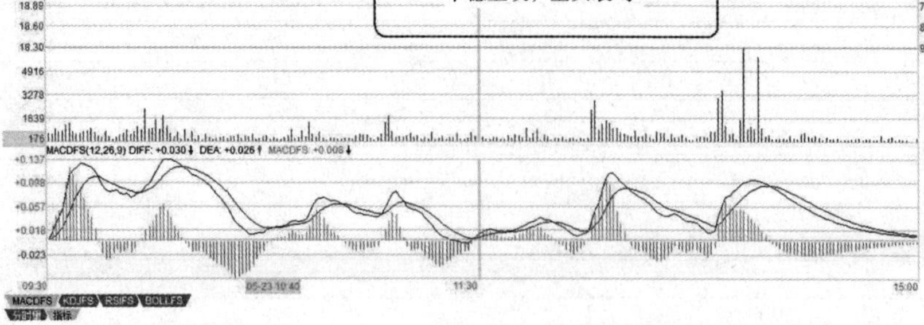
平稳上攻，空头衰竭

分时图

操盘解析

阶段性低位出现光头大阳线，成交量放量，说明空头衰竭，多头反攻，且均线穿插呈发散趋势，分时图上阶梯式上攻，逼空上涨，及时跟进可吃大波段。

操盘点睛

逼空上涨，属于强势特征，加上指数已经缩量调整一段时间了，有望开启新一波行情。

心得感悟

90 天龙光电

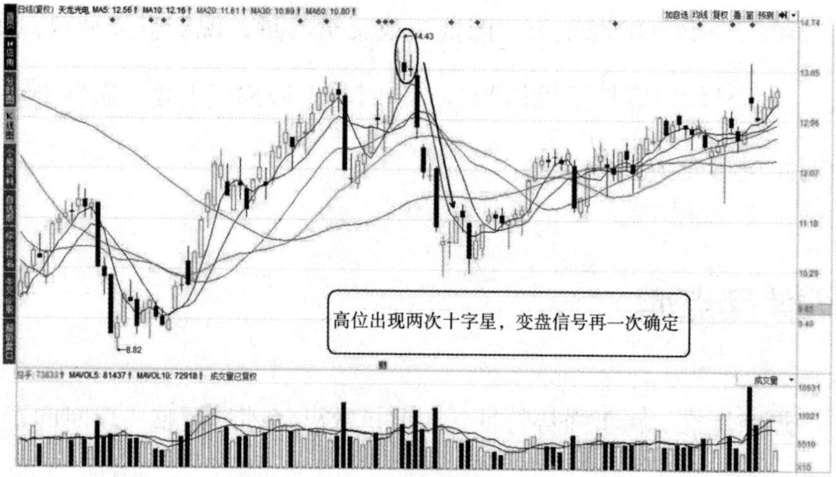
高位出现两次十字星，变盘信号再一次确定

日K线图

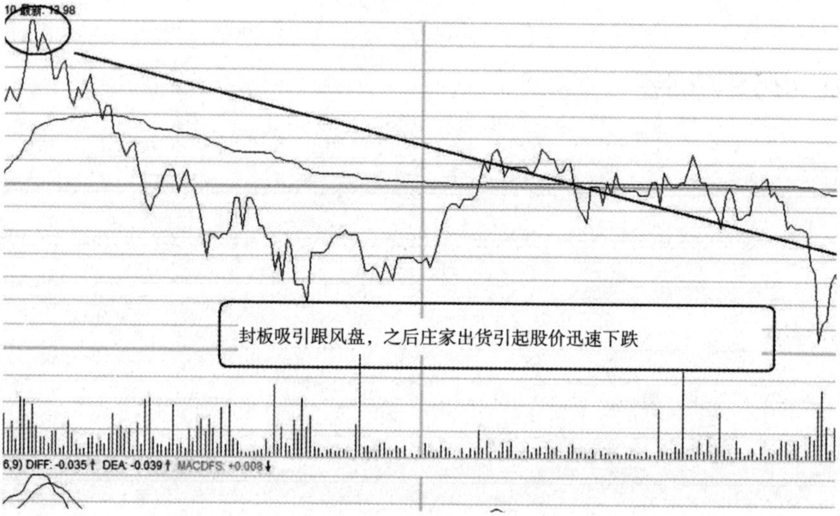
封板吸引跟风盘，之后庄家出货引起股价迅速下跌

分时图

操盘解析

阶段性高位出现十字星往往是多空博弈、方向选择的关键点，若上涨动力不足，很可能引来大的变盘。分时图来看，早盘拉高未能封板，迅速被打压且破均线，投资者应及时止损，严格操作平仓，避免后市的回落。

操盘点睛

早盘股价冲高，但是成交量紊乱，总体量能比昨日低，这种情况谨慎追高，应观察一下。随后股价开始温水煮青蛙式下跌，底部逐步走低，反弹顶部也逐步走低，操作上应减仓或平仓，破分时均线更加说明主力是拉高吸引跟风盘。

心得感悟

91 机器人

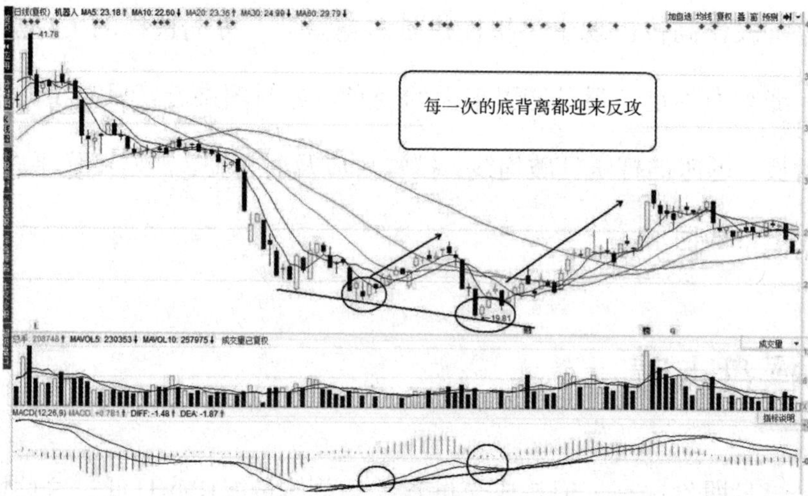
每一次的底背离都迎来反攻

日K线图

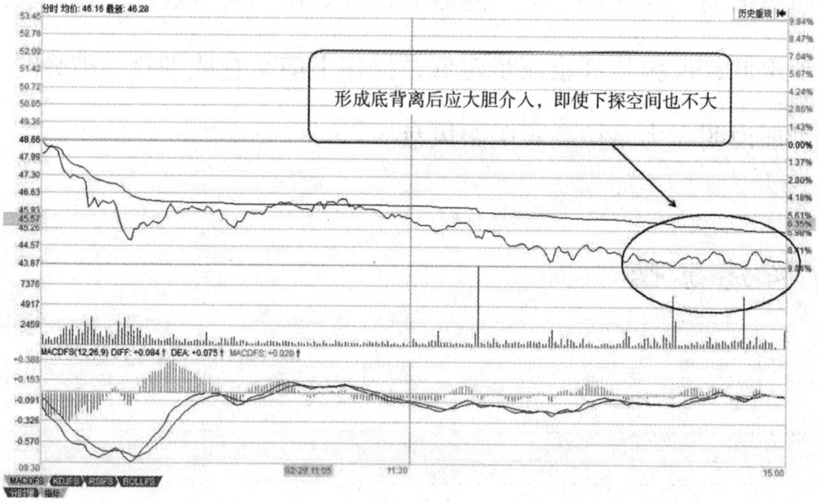
形成底背离后应大胆介入，即使下探空间也不大

分时图

操盘解析

“底背离”是实战中非常实用的操作技术，且准确率非常高，每一次的“底背离”形态都迎来一波反弹。在相对低位买入风险小，一旦突破，获利空间巨大。

操盘点睛

日线 MACD 底背离，盘中有低点即买点。

心得感悟

92 福瑞股份

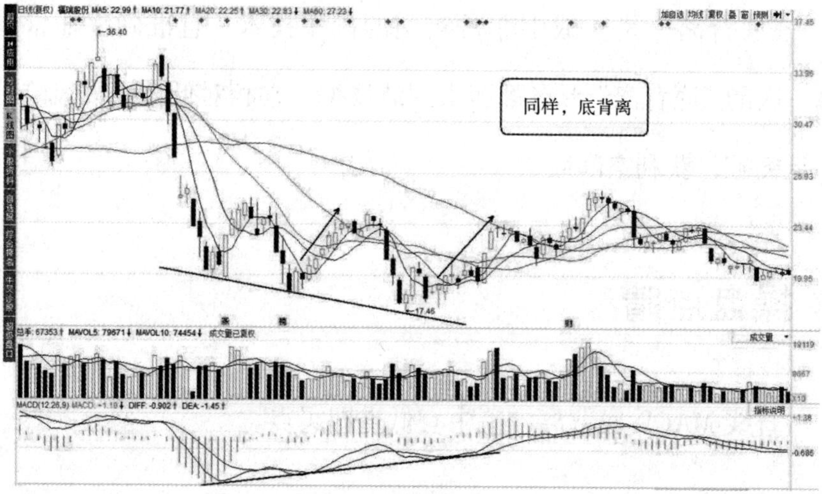
同样，底背离

日K线图

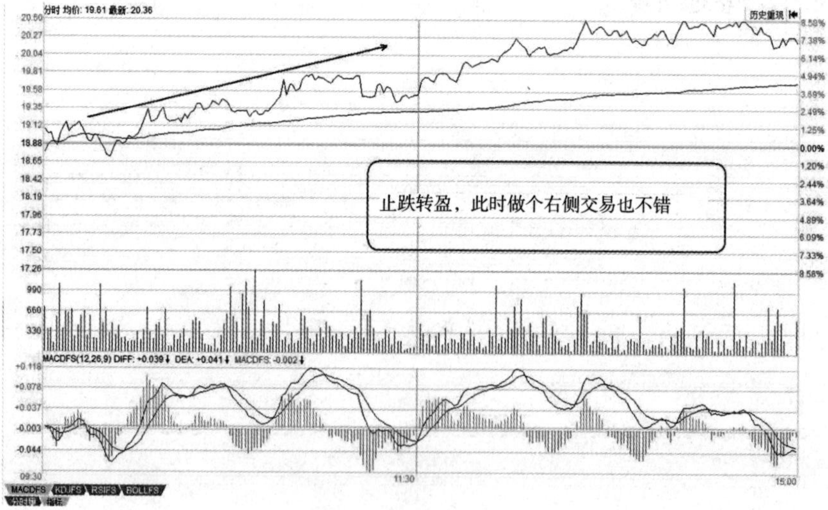
止跌转盈，此时做个右侧交易也不错

分时图

操盘解析

在下跌行情没有完全逆转的情况下，做短线波段是个很好的选择。底背离买入，反弹至长期均线附近减仓，灵活操作，若突破60日线，可考虑加仓跟进做大波段。

操盘点睛

盘中强势，日线MACD底背离，可以考虑做波段，注意控制成本。

心得感悟

93 新宙邦

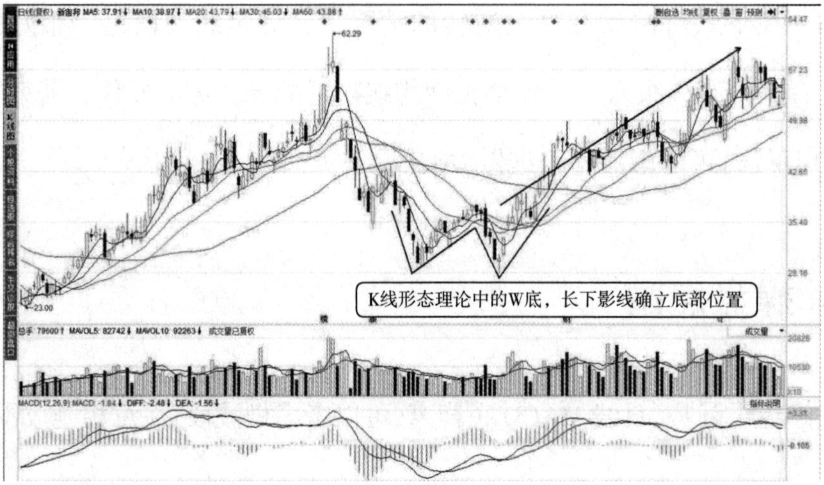
K线形态理论中的W底，长下影线确立底部位置

日K线图

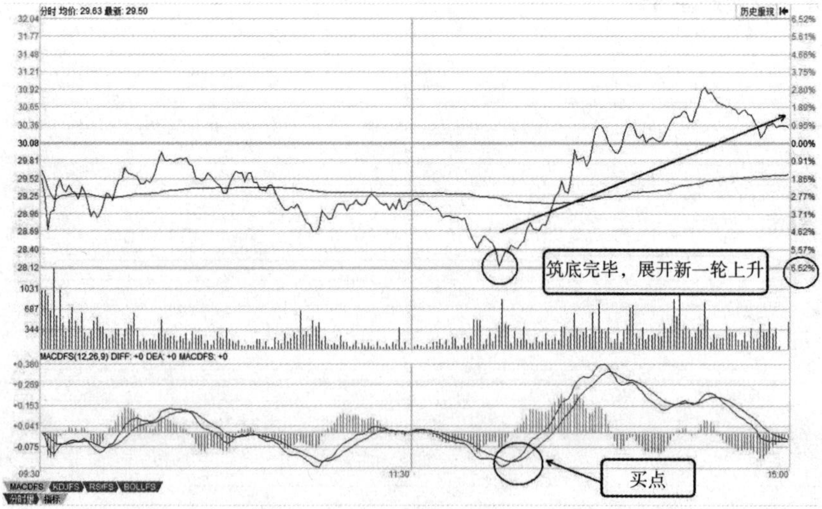
筑底完毕，展开新一轮上升
买点

分时图

操盘解析

K 线形成 W 底，且 MACD 线底部位置不断上移，形成底背离，出现明确的反弹信号，触底后迅速拉升，此时跟进做大波段。

操盘点睛

日线 MACD 底背离，且出现金针探底，中短线反转信号，激进型投资者可提前布局。

心得感悟

94 长盈精密

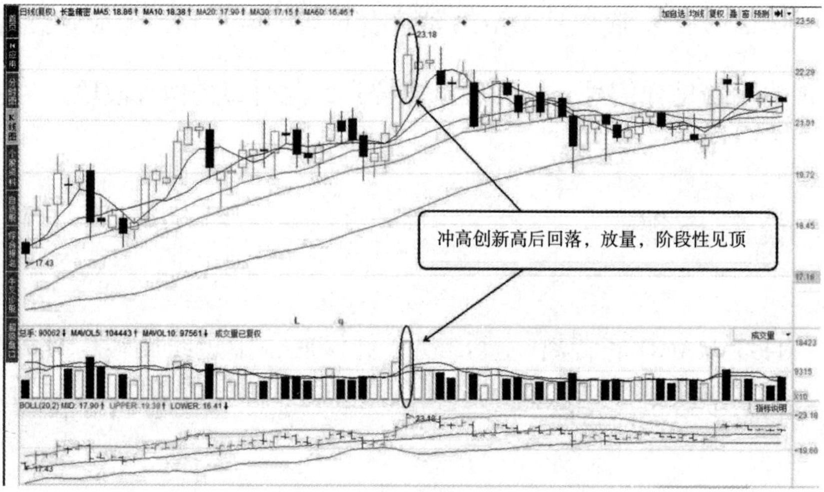
冲高创新高后回落，放量，阶段性见顶

日K线图

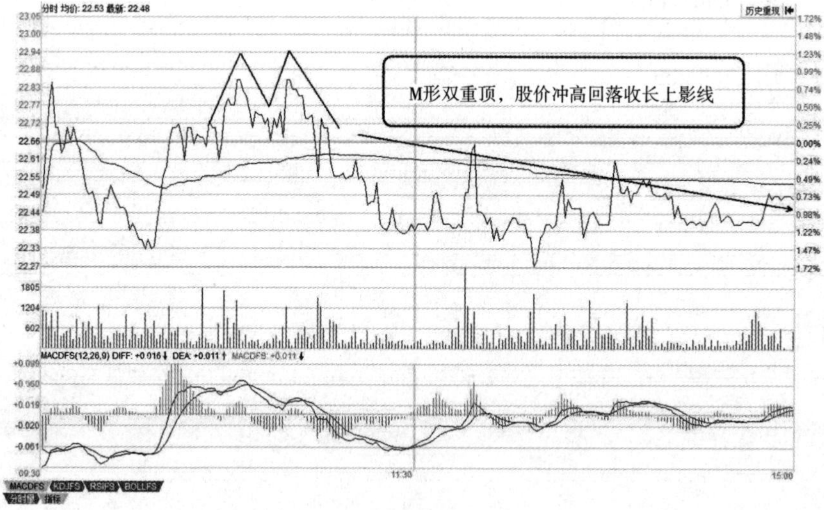
M形双重顶，股价冲高回落收长上影线

分时图

操盘解析

阶段性高位，需密切留意分时图走势，若出现如图所示表现，走势混乱，且一度形成 M 字形态，说明不能形成合力，阶段性顶部很可能出现，此时应减仓观望。若分时图走势表现十分流畅，则是主升浪加速行情。

操盘点睛

一波上升趋势中，若哪天 K 线开始加速，连续收 2 ~ 3 根大阳线时，就要留意了，因为这种形态要么是阶段性赶顶，要么是主升浪加速。第一种情况一般会表现为分时图犹豫不决，后一种通常是一气呵成。

心得感悟

95 美亚柏科

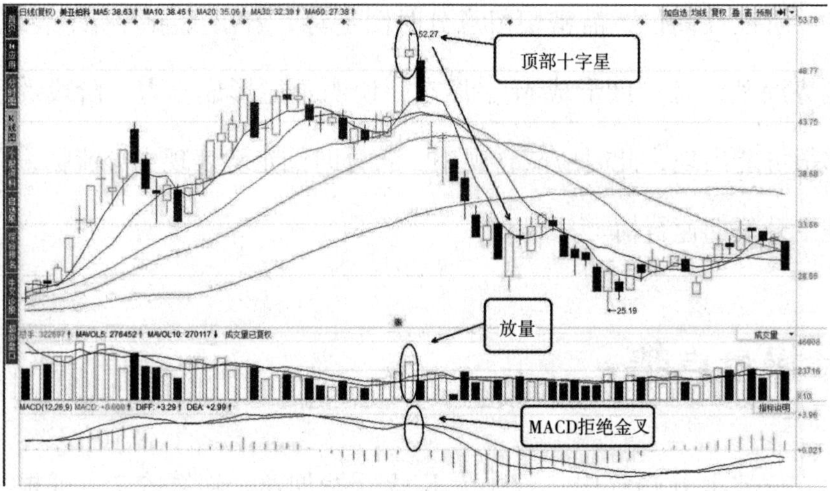
顶部十字星
放量
MACD拒绝金叉

日K线图

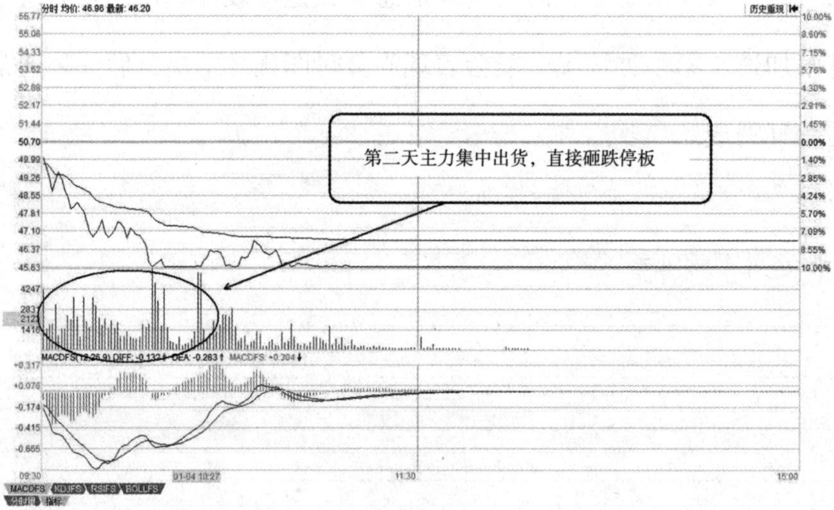
第二天主力集中出货，直接砸跌停板

分时图

操盘解析

阶段性高位出现十字星，投资者需谨慎对待，可减仓或卖出观望，待后市明确后再参与。分时图放量下跌，说明确实是主力出货行情，应果断离场。

操盘点睛

先是持续大单砸跌停，然后再开板扫货，目的何在？通常是主力的诱多之计，后期仍有下跌空间。

心得感悟

96 康耐特

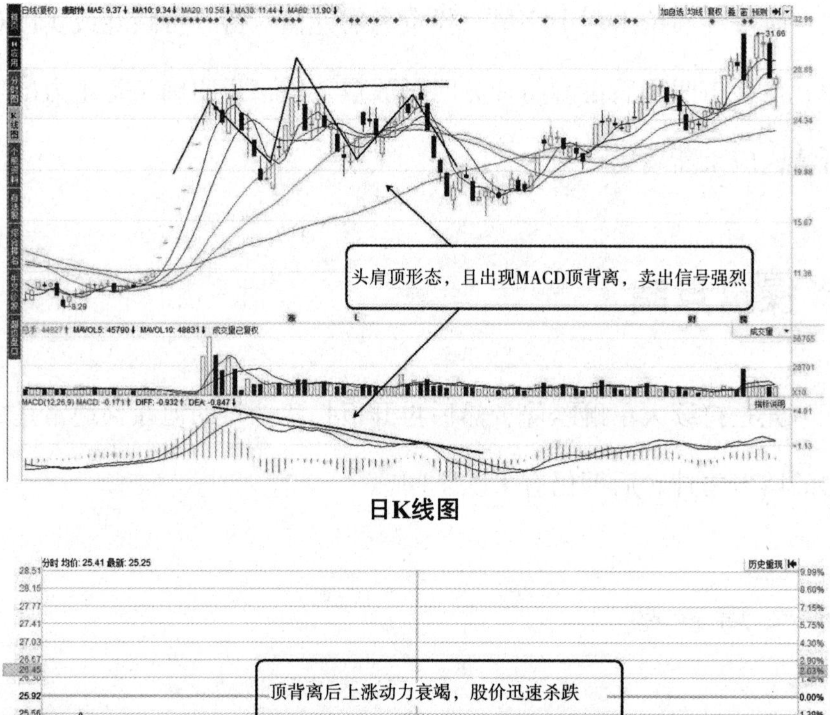
头肩顶形态，且出现MACD顶背离，卖出信号强烈

日K线图

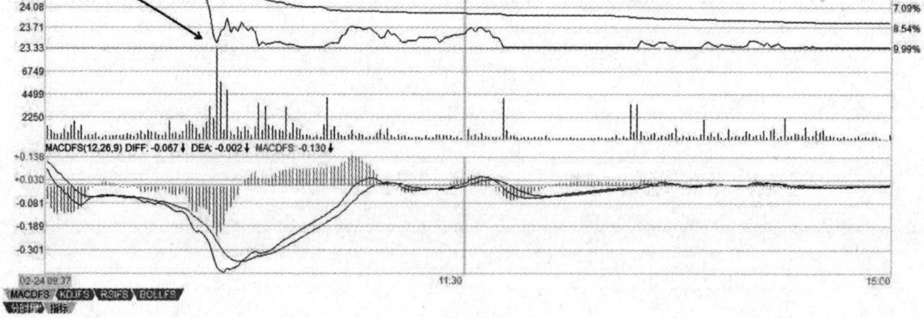
顶背离后上涨动力衰竭，股价迅速杀跌

分时图

操盘解析

日线图出现经典的“头肩顶”形态，且 MACD 线顶部重心不断下降，出现“顶背离”趋势。两种准确度较高的看空信号同时出现，横盘振荡结束，方向选择向下，投资者需及时卖出筹码。

操盘点睛

横盘调整，调整后就会选择方向，非上即下，当日盘口已经告诉我们，要向下。还在等什么，出局要果断！

心得感悟

97 宋城演艺

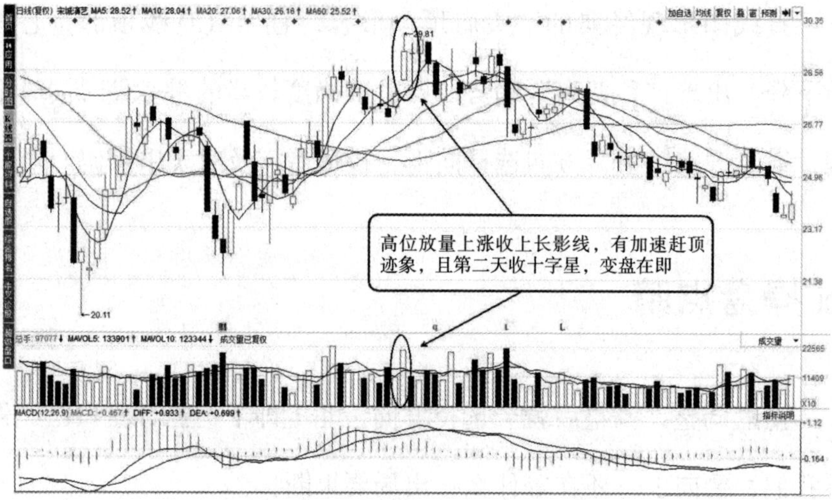
高位放量上涨收上长影线，有加速赶顶迹象，且第二天收十字星，变盘在即

日K线图

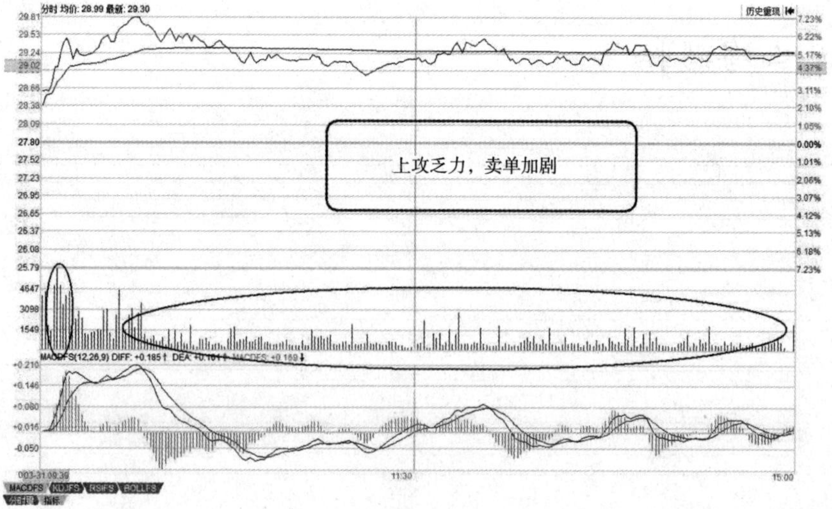
上攻乏力，卖单加剧

分时图

操盘解析

相对高位出现长上影线，且放巨量，上方抛盘严重，第二日收十字星，有变盘迹象，应逐步减仓。此后出现大阴线确定下跌行情，迅速卖出观望。

操盘点睛

上涨乏力，且股价处于相对高位，防止阶段性调整。

心得感悟

98 华铭智能

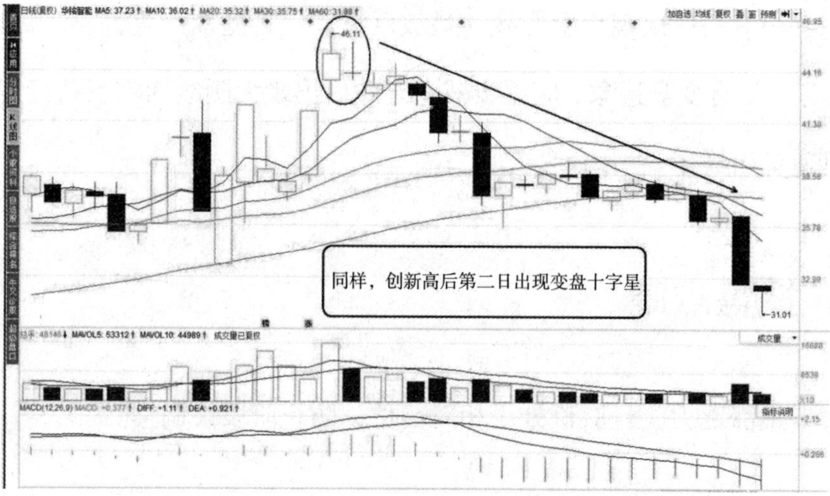
同样，创新高后第二日出现变盘十字星

日K线图

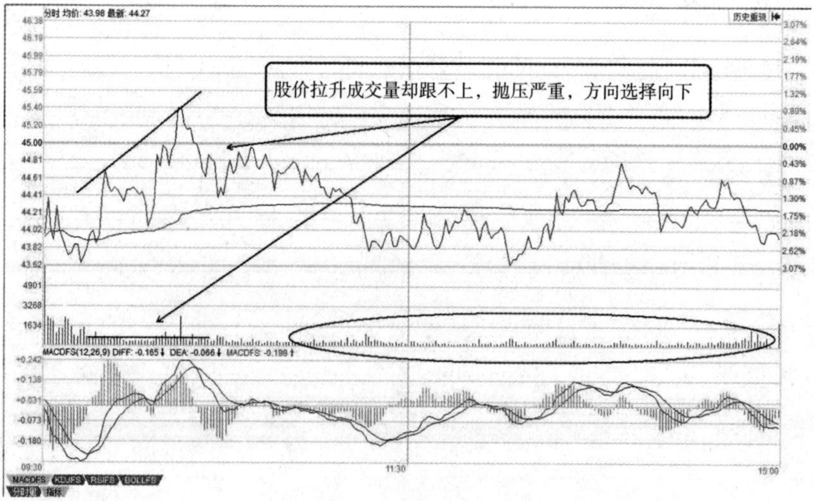
股价拉升成交量却跟不上，抛压严重，方向选择向下

分时图

操盘解析

分时图早盘两波拉升未见成交量配合，说明主力诱多，阶段性见顶，主力开始出货。

操盘点睛

K 线形态上是空头孕育，一旦成交量大幅度缩小，那么可能阶段性见顶。

心得感悟

99 长方集团

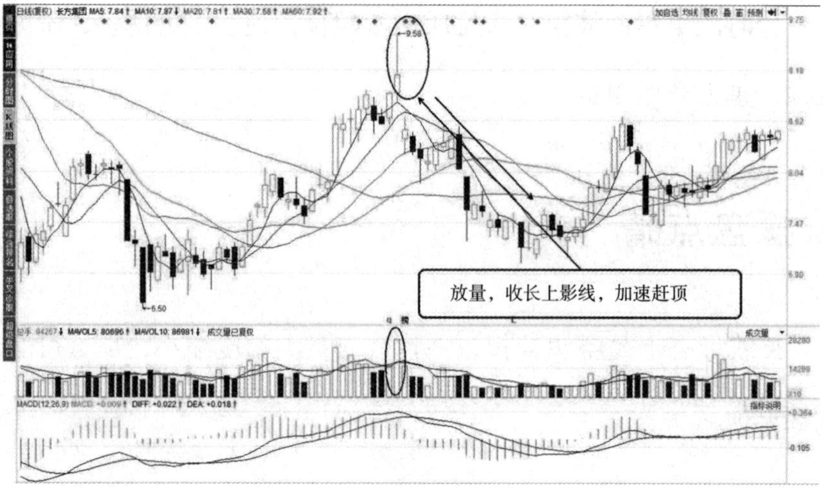
放量，收长上影线，加速赶顶

日K线图

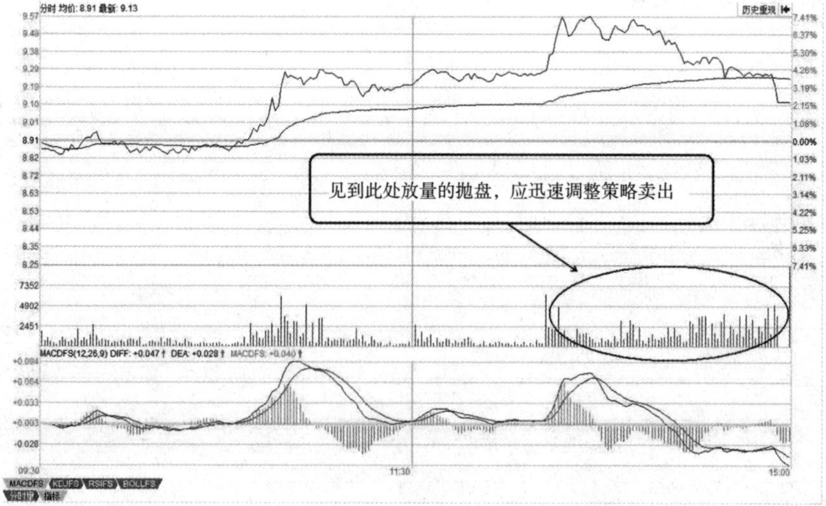
见到此处放量的抛盘，应迅速调整策略卖出

分时图

操盘解析

这是一个很典型的阶段性见顶信号，高位拉长上影线，突破前期高位后未能站稳，股价迅速回落，成交量放大，抛盘严重，迎来阶段性调整。投资者应顺势而为,及时卖出手中筹码,锁定前期盈利。

操盘点睛

阶段性高点出现长上影线，为谨慎看空信号。分时尾盘放量，且破分时均线，要减仓。

心得感悟